O imponderável Bento contra o Crioulo Voador

Joaquim Pedro de Andrade

O imponderável Bento contra o Crioulo Voador

(roteiro original para filme)

Coordenação editorial e posfácio
Carlos Augusto Calil

todavia

O imponderável Bento

contra o Crioulo Voador

1. Quadra de tênis

Imagens curtas e violentas da bola de tênis se chocando contra as raquetes. São duas raquetes bem diferentes quanto a formato e cor. Ruído forte dos impactos. Jogadas variadas até finalizar com uma cortada.

Bento e Mauro estão no clube jogando tênis. Mauro se eleva no ar e corta, o rosto contraído pelo esforço. Bento recua correndo, tentando rebater. Não dá. Ele joga a raquete na direção da bola e cai sentado no chão, exausto e ofegante. Sorri.

BENTO: Pra mim, chega... senão é enfarte garantido...

2. Chuveiros do clube

Mauro e Bento tomam banho em duchas contíguas.

BENTO: Vocês vão almoçar aqui?
MAURO: Não. Hoje vou ficar em casa, dar uma descansada. À noite talvez a gente pegue um cinema. Depende da Taís. Dá um toque mais tarde, ou passa lá.
A gente podia jantar junto, depois do cinema.
BENTO: Eu telefono.

3. Saída do clube

Portão de saída do clube, com aparência de clube de militares. Porteiro levanta a cancela e Mauro sai com seu carro. Está de short e camisa esporte, cabelos molhados. Ao lado dele, no banco da frente, sacola e raquete de tênis. Mauro liga o rádio e segue pelas avenidas de Brasília.

4. Taís x Mauro

No apartamento funcional de Mauro e Taís, relativamente modesto, Taís fala ao telefone, colocado provisoriamente sobre a mesa de refeições transformada em mesa de trabalho. Entre desenhos, recortes de revistas e jornais, nacionais e estrangeiros, muitos lápis de cores variadas, tesoura, uma pequena máquina de escrever, cola, durex, recortes de papelão, uma pequena maquete também de papelão, Taís vai experimentando a decoração de uma sala ou escritório.

TAÍS: ... ele foi ao clube jogar tênis... não, eu realmente não sei dos planos dele para a noite, mas acho que não haverá problema... a que horas vai ser a reunião? Tudo bem, eu digo a ele. De qualquer forma ele lhe telefona pra pegar o endereço... Não, claro, se não incomoda o senhor é até melhor pra mim, que assim eu fico com o carro e posso ir a um cineminha, já que a reunião é só de homens. Não, imagina, Comandante, não tem problema nenhum... (*sorrindo, meio nervosa e sem jeito*) Obrigada então, Comandante, eu... está bem, eu digo a ele. Até logo.

Taís vai desligar quando ouve o barulho da chave na porta.

TAÍS: Alô, alô? Olha, ele está chegando, o senhor espera um momentinho... ah, então está bem, pode deixar. Qualquer coisa ele lhe telefona.

Taís desliga o telefone e se apressa em direção à porta, irritada. Abre o trinco de segurança. Mauro entra, também irritado.

MAURO: Pra que fechar esse trinco, Taís?

Ela não responde. Volta para a mesa e retoma o trabalho. Mauro atira a raquete numa poltrona. Senta-se e pega um jornal.

TAÍS: O Larroque telefonou.
MAURO (*surpreso*): O Larroque? Pra mim? O Larroque?
TAÍS: É, Mauro, o Larroque, Comandante da Base. Pra você. Mandou te convidar pra uma reunião com ele e uns amigos às oito. Disse que vai passar aqui pra te levar.
MAURO (*intrigado e preocupado*): Ele vem me pegar? É surrealista. E o que que você disse?
TAÍS: Ué, nada. Disse que ia te dar o recado. Você não vai?

Mauro não responde. Dá uma longa tragada.

TAÍS: Ele pediu pra você avisar se não pudesse ir, mas que era importante.
MAURO: Não vou não. Você, naturalmente, acha que eu devia ir, não é?
TAÍS: Você é que sabe. (*mudando de assunto*) A gente almoça no clube?
MAURO: Eu, não. Tem almoço em casa?
TAÍS: Tem, Mauro. Tem almoço em casa.

Taís começa a recolher as coisas sobre a mesa. Desanimada.

MAURO: Taís, de uma vez por todas, eu não gosto do Larroque. Nunca tive vocação pra peixinho de comandante. Por que esse convite agora é que eu gostaria de saber.

TAÍS: É, mas sem ir vai ser difícil saber.

MAURO: Eu conheço bem a rodinha dele. É o que há de pior na Base.

TAÍS: Olha, Mauro, você vai se quiser, se não quiser, não vai. É simples. Agora, quando sair viagem pro exterior, promoção, vantagem disso ou daquilo, se você for mais uma vez preterido, não tem do que se queixar. A escolha agora é sua.

MAURO: Até que você e o Larroque, ó... (*une os indicadores*)

TAÍS: Pois quem sabe você não tem razão? Ele falou comigo muito tempo no telefone, foi muito educado, muito delicado, muito agradável. E te fez vários elogios.

MAURO: É. O rei da grossura se desmanchando em delicadezas. Tá ótimo.

TAÍS: Eu, em seu lugar, acharia ótimo mesmo. Olha, grosso é você, Mauro. E chato. Você está ficando um chato.

MAURO (*levantando-se e saindo da sala*): Quer saber de uma coisa, Taís? Vai à merda.

Taís, que acaba de pôr a mesa para o almoço, sorri, balança a cabeça. Começa a retirar metodicamente os pratos da mesa. De repente deixa tudo como está, pega o telefone, vai discar, hesita, desliga. Pega a garrafa de uísque de que Mauro se servia, toma um trago. Acalma-se e volta a tirar os pratos e a limpar a mesa para retomar o trabalho.

5. Caminho do crime (I)

Mauro de pé, esperando no estacionamento de seu edifício. Um carro se aproxima e estaciona. Larroque na direção.

LARROQUE: Entra aí, Mauro.

MAURO (*entrando no carro*): Tudo bem, Comandante?

Nesse momento aparece Taís, apressada, saindo do elevador e gritando ainda de longe.

TAÍS: Mauro! Você não me deu a chave do carro. (*aproximando-se*) Ô, Comandante. Boa noite.

LARROQUE: Como vai a senhora?

TAÍS: Bem, obrigada. E a sua senhora? E a meninada?

LARROQUE: Todos bem, felizmente.

Mauro entrega as chaves a Taís.

MAURO: *Ciao.*

LARROQUE: Boa noite. Eu devolvo ele cedo.

Larroque dá a partida no carro, enquanto Taís volta para tomar o elevador.

6. Caminho do crime (II)

Larroque e Mauro seguem de carro pelo eixão da cidade, afastando-se do Plano Piloto em direção ao sul. Depois de um silêncio longo, em que o Comandante de vez em quando olha com certa malícia para o rosto tenso de Mauro, ele diz.

LARROQUE: Mauro, eu imagino que você esteja se perguntando por que é que eu te chamei para essa reuniãozinha, não é mesmo?

MAURO (*constrangido*): É, de fato eu não tenho a menor ideia, Comandante.

LARROQUE: Pois a minha intuição me diz que você deve ter uma vaga ideia a respeito, não tem não?

MAURO (*perturbado*): Não, senhor, realmente eu não faço a menor ideia. (*sorri*) De qualquer modo, eu me senti muito honrado pelo convite. Ainda mais pela delicadeza do senhor vir me pegar.

LARROQUE: É mais que uma delicadeza. É um cuidado com você. Um comandante que se preza se preocupa com seus oficiais. Sobretudo com os seus melhores oficiais.

MAURO: Muito obrigado, Comandante. Eu só não estou entendendo o motivo de sua preocupação...

LARROQUE: Acho que está sim. Olhe, Mauro, eu não sou homem de muitas palavras. De modo que preste bem atenção no que eu vou lhe dizer. Nós estamos vivendo uma época grave de nossa história. Perigosa, muito perigosa. A subversão está infiltrada por todo lado. Nos colégios, na universidade, na Igreja, na imprensa, e até, o que é mais grave, nas próprias Forças Armadas. E você, Mauro, anda se reunindo com essa gente. (*duro*) Olha pra mim.

Mauro encara Larroque. Não consegue disfarçar a sua perturbação.

LARROQUE: Mas fique tranquilo. Por enquanto, tudo ainda pode acabar bem. Como você vê, eu estou bem mais por dentro do que você e os seus amigos comunistas podiam supor. Mas eu ainda sei menos do que gostaria de saber. Do que eu preciso saber e vou saber, de um jeito ou de outro.

Bem, resumindo: você vai continuar frequentando os seus coleguinhas comunistas, mas a meu serviço. Estou sendo claro?

Você saberá como agir e como se comunicar comigo sem que os outros desconfiem de nada.

Lembre-se de que você será mais uma fonte de informação, não a única. As outras continuarão acompanhando cada um dos teus passos.

Nós estamos em guerra e quem estiver com a subversão será implacavelmente destruído. E agora relaxa, que nós estamos chegando. Vai ser muito instrutivo o que você vai ver.

7. Na cena do crime

O carro com Larroque e Mauro chega a um grande portão guardado por um homem forte, à paisana, armado com uma submetralhadora. Ele abre o portão e trai a sua condição de militar fazendo um gesto de continência informal para Larroque, que entra com o carro.

O lugar é uma espécie de depósito de material de construção, com um grande pátio central cimentado. Nele está parado um jipe vazio. Outros homens à paisana, uns de blusão, outros de camiseta branca, tipo t-shirt, com o nome impresso à esquerda do peito e coberto por pedaços de esparadrapo. Todos são fortes, mal-encarados e carregam armas.

Larroque se dirige com Mauro para o vestiário.

8. Trocando de roupa

Larroque entra no vestiário, seguido por Mauro. Abre um dos armários, tira de lá um macacão de paraquedista e troca de roupa.

LARROQUE (*enquanto se veste*): Mauro, eu quero te fazer duas advertências. Presta bem atenção.

A primeira é que hoje, aqui, só tem gente de minha inteira confiança. Como você está aqui comigo, isso quer dizer que também você passou a ser homem de minha confiança.

A segunda advertência é a própria ação que você vai presenciar. Como eu te disse, vai ser muito instrutiva para você. Vamos.

Larroque, com o macacão de paraquedista, mas de cabeça descoberta, sai do vestiário seguido por Mauro.

9. O crime

Larroque se dirige ao jipe, para onde um rapaz jovem, algemado e de olhos vendados está sendo levado por dois homens. Eles tiram a venda do rapaz e o amarram pelas mãos algemadas à traseira do jipe.

Larroque assume o volante e dá a partida no motor.

Mauro junta-se aos outros homens que assistem ao espetáculo.

Larroque, com expressão dura, arranca com o jipe. O rapaz cai e vai sendo arrastado selvagemente pelo cimento, enquanto Larroque faz voltas em alta velocidade até avançar acelerando para o muro do pátio. No último instante, faz um cavalo de pau e o rapaz é violentamente atirado contra o muro.

Plano próximo de Mauro.

10. Visita imprudente

O carro de Mauro, dirigido por Taís, chega ao estacionamento do edifício de Bento. Taís toma o elevador. Ninguém a vê subir.

11. À beira da felicidade

Toca a campainha no apartamento de Bento. Ele abre a porta e dá de cara com Taís.

BENTO: Taís! Você veio sozinha? Cadê o Mauro?

TAÍS: Mauro, Mauro... Estou farta do Mauro, não aguento mais ficar com ele, não aguento mesmo, fisicamente! Será que você não vê isso?

BENTO: Pelo amor de Deus, Taís! Este edifício está cheio de colegas da gente! Alguém te viu entrar? Aonde é que o Mauro foi?

TAÍS: O Mauro foi a uma reuniãozinha com o Larroque, é, Larroque, o Comandante da Base. E ninguém me viu entrar. Mas eu queria que vissem. Bento, eu quero viver com você, eu vou viver com você e pronto, não vou esperar mais nada. Aliás, se você quer saber, eu já estou vivendo com você. Estou morando aqui.

BENTO: Taís, seja razoável... Toma aqui um drinque de emergência.

Bento, imprudentemente, serve a Taís uma dose dupla de scotch com gelo.

BENTO: Seguinte, Taís, essas coisas não são assim, tem que ir mais devagar. Se o Mauro souber da gente, ele se mata, me mata, te mata, vai ser uma cagada.

TAÍS: Você tem que ser vulgar até num momento desses?

BENTO: Tá, desculpa, mas agora você acaba esse drinque e volta correndo pra casa, pelo amor de Deus.

TAÍS: Eu não volto mais pra lá. Estou morando aqui, já te disse. E se você me expulsar vou direto pra zona, vou ser puta em Taguatinga.

BENTO: Taís, meu amor, seja sensata, você sabe que eu sou o melhor amigo do Mauro, a gente é como irmão, eu não posso fazer isso com ele!

TAÍS: Melhor amigo! Você sabe há quanto tempo você corneia ele?

BENTO: Já vem você com essa mania de datas... Taís, meu anjo, para de beber, eu só tenho essa garrafa...

Taís vai responder, indignada com a pão-durice de Bento. Nesse momento a campainha toca de novo. Bento fulmina Taís com o olhar. A campainha toca mais, urgente. Bento decide ignorar Taís e vai abrir a porta, com expressão de seja lá o que Deus quiser. Dá de cara com Mauro, transtornado.

MAURO: Bento, rápido, vem comigo até lá em casa.
BENTO (*continuando a segurar a porta entreaberta, de modo que Mauro não possa ver o interior da sala*): Que que houve?
MAURO: Porra, deixa eu entrar, pelo menos!
BENTO (*resignado, sem olhar para trás, abre a porta, continuando a dar as costas para a sala*): Desculpe. Entra.

Mauro entra. Taís não está mais na sala.

MAURO: Não dá pra contar agora, eu estou superapressado. Te veste e vem. Eu estou sem carro.

Bento, que demorou a se virar, esperando o pior, entrega-se friamente ao destino. Segue as instruções de Mauro e entra no quarto, que está de porta aberta. Taís está deitada na cama dele, nua. Bento constata a situação, abre a porta do armário e começa a se vestir. Taís, muda e imóvel, fulmina-o com um olhar inútil, já que Bento não olha mais para ela.

12. Voltando para casa

No carro de Bento, que corre velozmente pelas avenidas de Brasília, quase desertas àquela hora da noite, Mauro volta para casa. Bento dirige. Os dois estão tensos e sérios.

BENTO: Mauro, é uma loucura ir pra tua casa. Deve estar supervigiada. A gente vai entrar na boca do lobo.

MAURO: Não. Eu tenho um tempinho. Se eles quisessem, já tinham invadido o apartamento. O Larroque vai ficar de olho, é claro, mas ele acha que me intimidou, que eu vou mesmo trabalhar pra eles. Ele tem que me dar tempo, nem que seja pouco. Uns dois ou três dias, pelo menos, pra ver se eu estou ou não fazendo o jogo deles.

Lá em casa tem uns papéis que não podem cair nas mãos dele. Uns eu vou destruir agora, mas tem outros de que o pessoal precisa. Esses você esconde em algum lugar seguro até amanhã. Eu sei que é uma barra te envolver nisso, mas não tenho outro jeito. Eles sabem que você nunca se meteu em política e que é meu amigo há muito tempo. O fato de você chegar lá em casa comigo é natural. Eles vão desconfiar e vão te vigiar, mas amanhã você está livre disso. Você tem que me ajudar, Bento. Não é nem por mim. É pelos outros. Tem uns caras que são praticamente uns meninos no grupo, iguais a esse que eles torturaram e mataram. É por eles.

BENTO: Tudo bem, eu me viro. O pior vai ser sair de tua casa com esse material.

MAURO: Eles não vão te pegar agora. Eu já te disse que eles têm que me dar tempo. Enquanto isso, eu dou um jeito e me mando daqui, saio do Brasil. Amanhã a gente se encontra na cantina, como sempre. No meio da conversa, você me diz onde deixou os papéis e deixa o resto comigo, eu mando apanhar.

13. Na boca do lobo

O carro de Bento chega ao estacionamento do edifício de Mauro.
Tensos, Bento e Mauro saem do carro e tomam o elevador.

BENTO: Está vendo alguém?
MAURO: Até agora, não. Mas isso não quer dizer nada. Eles
estão por aqui.

14. O flagra (I)

Os dois amigos entram no apartamento de Mauro, que fecha
a porta e passa o trinco.

MAURO: Em meia hora, no máximo, eu arrumo tudo.
BENTO: Eu espero aqui. Taís está dormindo?
MAURO: Não sei e não me interessa. Toma um uísque.

Mauro sai da sala e vai para o escritório. Barulho de chave na porta
da sala. Bento se levanta e solta o trinco de segurança. Entra Taís.

TAÍS: Bondade a sua me deixar entrar. E aí, já decidiram?
Vocês vão mesmo se casar?

15. Limpa geral (I)

No escritório. Mauro tira uma gaveta da mesa de trabalho.
Apanha um envelope de papel pardo e um caderninho de ano-
tações dentro do vão, embaixo da gaveta. Abre o envelope e
começa a rasgar os papéis que ele contém, um a um, bem pi-
cadinho. O caderninho fica em cima da mesa.

16. O flagra (II)

Na sala, Bento se senta de novo e pega o copo com uma dose de uísque puro que deixou sobre a mesinha diante do sofá. Taís está de pé.

TAÍS: Relatório? A essa hora? Para de mentir, Bento. O que que houve?

BENTO: Nada mesmo. É que o Comandante quer o relatório pronto amanhã, e eu ainda tenho que rever antes de entregar.

TAÍS: Pra isso é que você está enchendo a cara?

17. Limpa geral (II)

Mauro vai à cozinha levando o envelope cheio de papel picado. Pega uma panela. Leva tudo para o banheiro. Tranca a porta. Põe álcool na panela e toca fogo. Despeja os papéis picados no fogo. Deixa queimar por algum tempo. Derrama tudo na latrina e dá a descarga.

18. O flagra (III)

TAÍS: Eu não aguento mesmo, Bento, você não está entendendo. Eu não aguento ficar sozinha com ele nem mais um minuto.

BENTO: Você tem que aguentar. Dorme na sala, toma um Valium 10, mas aguenta. São poucos dias, eu te juro. Viaja, vai pra casa de uma amiga, mas, pelo amor de Deus, não fala nada com ele agora. Aguenta só mais um pouquinho, que a gente vai viver junto. Eu te prometo.

TAÍS: Meu amor...

Mauro, em pé no corredor, vê Taís beijar Bento na boca. Recua.

TAÍS (*afastando-se de Bento*): Desculpa. Me dá um cigarro.

Mauro entra na sala.

MAURO: Taís, eu preciso falar um instante com o Bento.

Taís sai da sala sem dizer nada.

MAURO: Bento, eu pensei melhor e resolvi destruir a papelada toda. Eu já sei como sair dessa. Não é justo te envolver nessa história. Vai pra casa e descansa. Amanhã a gente se vê.
BENTO: Você está bem mesmo?
MAURO (*indo abrir a porta da sala*): Estou. Não se preocupe.
BENTO: Olha, amanhã às oito eu tenho um voo no AT-6. Vamos voar juntos, você esfria a cabeça.
MAURO (*frio*): Positivo. Nada como um voozinho a dois pra reciclar uma velha amizade. *Ciao*.

Bento sai. Mauro tranca a porta. Serve-se de uma dose dupla de uísque. Vai até o quarto. Taís está dormindo. Mauro vai até o escritório. Pega o caderninho e começa a rasgar e picar as páginas, sem mais nenhuma pressa.

19. Café amargo

Cantina da Base Aérea. Mauro e Bento no balcão do bar tomam café. Ao fundo, o movimento do Cassino: oficiais jogando sinuca, pingue-pongue, totó, aparelho de TV ligado, vozerio, gargalhadas.
Mauro e Bento vestidos com macacão de voo.

BENTO (*olha o relógio*): Tá na hora.

MAURO: Estão abastecendo, ainda tem um tempinho. Me dá um cigarro.

BENTO (*dando o cigarro e moderando a voz*): Alguma novidade?

MAURO: Nada. Como se não tivesse havido nada. (*muda o tom*) Tem tempo que a gente não voa junto, hem?

BENTO: Bota tempo nisso.

MAURO: Sabe que você foi o meu melhor aluno?

BENTO: É mesmo? Por que nunca me disse?

MAURO: Pois é... mas tô dizendo, nunca é tarde.

20. Voo de experiência

Pista de taxiamento da Base. Avião de Caça, AT-6. Close de Mauro falando ao microfone com a torre. Estática de rádio.

MAURO: ... AT-6, uno-sete-oito-três taxiando para tomada da pista dois-meia-cinco. Voo visual de experiência sobre zona de treinamento Luar-7. Piloto-Major Mauro, copiloto-Capitão Bento...

Avião taxiando em plano geral.

MAURO (*off*): ... duração estimada uno-horas. Condições de voo variáveis segundo especificações de experiência. Câmbio.

Avião toma posição para decolagem na cabeceira da pista.

TORRE (*off*): Torre acusando mensagem de taxiamento recebida. Pista livre. Visibilidade zero-três. Vento na perna-base de doze ponto sete nós. Informe quando atingida zona Luar-7. Previsão de estratos-cúmulos na rota, a três mil pés.

Bento está no *cockpit* de trás. Vê as manetes se movendo para a frente, comandadas por Mauro de sua cabine. As turbinas atingem a potência máxima.

Mauro com a mão nas manetes continua acelerando. Liga um botão, ajeita o microfone de comunicação interna, em frente à boca, e fala com Bento.

MAURO: Vai você, está contigo.

Bento sorri, faz gesto de ok com o polegar, segura as manetes e empunha o manche. O avião, correndo na pista, decola e ascende rapidamente.

21. Sobrevoando o Chapadão

Vista aérea. Formações do Chapadão, ao longe, se aproximando.

MAURO (*off*): Escuta, você lembra daquela brincadeira do "quase-quase"?
BENTO (*off*): Claro.
MAURO (*off*): Ainda tem peito pr'aquilo?
BENTO (*close*): Sei lá, acho que sim.
MAURO (*close*): Então vamos lá, faz um "quase-quase" no topo do Chapadão.
BENTO (*sorrindo*): Ok. Mas com moderação.
MAURO: Com moderação.

Avião, picando e nivelando, dá um voo rasante. Topo do Chapadão se aproxima, a poucos metros acima do nível de voo. Bento pilota, atento, com a mão firme no manche. Mauro olha firme em frente, sério. Chapadão se aproxima perigosamente. Mauro aciona uma alavanca. Chapadão enche a tela. Bento puxa o manche, fundo. O avião não reage. O manche está sem ação. Close de Bento muito assustado. Mauro puxa o manche. O avião ganha altura e passa rasante sobre o topo do Chapadão.

BENTO: Porra, cara! Desligou meu comando?!
MAURO: E aí? Se assustou, Bento?
BENTO: Claro, merda! Brincadeira besta, hem?...

Mauro aciona manetes e comandos. O avião ganha altura e, subindo, nivela o voo. A paisagem mostra uma região fantástica, com incríveis formações rochosas.

BENTO: Não vai falar com a Torre?
MAURO: Fala você.

Bento pega o microfone, ajeita botões no rádio e fala. Ruído de estática.

BENTO: Alô, Torre. Chamando uno-sete-oito-três.
TORRE (*off*): Torre recebendo. Prossiga oito-três.
BENTO: Zona Luar-7 atingida. Confirmadas condições...

Mauro aciona dois botões e vira uma chave.
Torre chamando. Bento tenta comunicação, sem resultado.

TORRE (*off*): Oito-três, Torre chamando... prossiga oito--três, mensagem interrompida... uno-sete-oito-três... Torre chamando... prossiga oito-três... Torre...

Mauro aciona mais dois botões. Cessa a voz da Torre. Bento se preocupa.

BENTO (*pelo microfone interno*): Mauro, você cortou o rádio?

MAURO: Cortei.

Mauro volta a acionar os comandos. O avião pica e executa um *looping*. No ponto máximo do *looping* ele gira e retoma o voo horizontal.

BENTO: Mauro, o que é que há?
MAURO: Coisas... Coisas...

Mauro pica o avião e estabelece voo rasante. A paisagem passando rápido.

BENTO: Mauro, porra, o que é que há?
MAURO: Calma, garoto, calma.

O avião sobe novamente e se estabiliza.

MAURO: Escuta, Bento, eu queria te fazer uma confissão. Assim um... depoimento pessoal. Pode ser?
BENTO (*tenso*): Fala, Mauro.
MAURO: É que essa noite eu estive pensando muito em mim, e cheguei a algumas conclusões. Boas e ruins. Resumindo: eu sou um oficial medíocre, um marido de merda, um conspirador de araque...
BENTO: Para com isso, Mauro. Você está...
MAURO (*interrompe*): Escuta, porra. Eu estou falando sério, Bento. Sério. Eu sou um babaca, e você tá sabendo que eu sou um babaca. Agora, em compensação, eu não sou filho da puta. Filho da puta eu não sou.
BENTO: Por que isso agora, Mauro?
MAURO: Porque eu queria saber qual é a sensação de ser um belo filho da puta. Qual é, Bento?
BENTO: Mauro, eu não estou entendendo esse papo, não.

MAURO: Eu pergunto de outra forma. Há quanto tempo, filho da puta, vocês estão me corneando?

Bento muito perturbado não encontra o que dizer. Depois de alguns instantes, fala.

BENTO: Mauro, por favor. Vamos voltar e ter uma conversa calma.
MAURO: Haaa, haaaaa... uma conversa calma, Bento? Uma conversa calma...
BENTO: Para com isso, Mauro, para.
MAURO: E de mim, o que é que vocês falavam? Qual era o tratamento? Era o "Mauro". Ou só "ele"? Como é que era o tom? Penalizado, compungido?

Mauro acelera as turbinas e executa três *tonneaux* seguidos. Nivela.

BENTO: Mauro, por favor. Eu sou teu amigo. Vamos voltar. Bota esse avião no chão e a gente conversa tudo. Não houve nada disso, assim, como você está pensando. Eu sempre fui teu amigo!
MAURO: Que é isso, camarada? Não perde a dignidade na reta final. E agora chega de papo. Ou, melhor, a gente termina esse papo no inferno.

Avião sobe quase verticalmente, bem alto, de repente vira de dorso e desce num arco aberto, como nos ataques aéreos, até atingir o *piqué* vertical. Durante a manobra:

BENTO: Mauro!... Mauro!...

Mauro mexe em mais um botão.

MAURO: Não adianta mais falar, eu cortei o teu som, filho da puta. Agora só escuta, escuta...

Ao atingir o *piqué*, Bento está apavorado.

MAURO (*se exasperando em crescente loucura*): ... filho da puta!... filho da puta!!... filho da puta!!!...

O chão se aproxima.

MAURO (*off*): ... filho da puta!!!...

22. Chegando ao chão (I)

Bento em pânico, de repente, se resolve. Abre o *cockpit*, salta. Avião em *piqué*. Bento se atira. O paraquedas se abre. Bento olha para baixo, apavorado. O avião explode contra o solo.

23. Chegando ao chão (II)

Descendo de paraquedas. Bento toca o chão do cerrado. O paraquedas se emaranha em arbustos. Bento se livra dele com dificuldade. Longe, um denso rolo de fumaça negra indica o lugar em que se espatifou o avião. Trôpego, enlouquecido, Bento começa a caminhar na direção oposta. Depois de alguns metros, ele abandona o capacete que tinha tirado e trazia apertado contra o corpo. Mais alguns metros e deixa cair também o coldre com a pesada pistola que faz parte de seu equipamento. Diante dele, apesar da vegetação crescida, nota-se que há uma estrada. A estrada parece que não dá em lugar nenhum. Termina aos pés do paredão do

Planalto Central. Indiferente ao destino, Bento continua caminhando naquela direção.

24. Começa a busca

Um helicóptero militar de grande porte prepara-se para decolar. Agitação na Base Aérea. Militares do serviço de busca e salvamento, em uniforme de campanha, embarcam apressadamente. Surge Larroque, de óculos *ray-ban* e trajes esportivos civis. Tenso e irritadíssimo, embarca e toma lugar na frente, ao lado do piloto. Dá ordens ríspidas. Fecha-se a porta e o helicóptero levanta voo com Larroque ainda apertando o cinto de segurança.

25. Bento escala o paredão

Chegando ao fim da estrada. Bento se depara com o imenso paredão. Fica um tempo parado, olhando para cima sem expressão. Começa então a escalar obstinadamente o paredão. Agarra-se à vegetação, a pedras que se soltam, vai se arranhando e se ferindo, mas não para de subir.

26. Avião localizado

O helicóptero de salvamento aproxima-se do avião sinistrado, que está reduzido a destroços espalhados em torno de uma cratera queimada, ainda fumegante. O helicóptero começa a baixar, voando em círculos.

Dentro do aparelho, Larroque olha para baixo. Fala para si e depois para o piloto.

LARROQUE: Filho da puta. Ok. Vamos descer.

O helicóptero pousa. O pessoal especializado salta com seu equipamento e começa a agir freneticamente em meio aos destroços. Larroque se mantém afastado. Olha um pouco, depois dá as costas à cena e acende um cigarro. O oficial-chefe da equipe de salvamento se aproxima dele.

LARROQUE: E aí?
OFICIAL: Só encontramos um corpo, Comandante, o do Major Mauro. O Capitão Bento deve ter saltado de paraquedas.
LARROQUE: Esse negócio de que o Bento estava no avião é certo?
OFICIAL: Sim, senhor. Eles embarcaram juntos e os dois falaram com a Torre.
LARROQUE: Manda dar uma busca, esquadrinha a área.

27. Bento chega à Chapada dos Guimarães

Rasgado, sujo, cheio de arranhões, com manchas de sangue no macacão, Bento acaba de escalar o paredão e se depara com uma paisagem fantástica, dominada por surpreendentes e caprichosas formações erodidas. Torres, colunas, arcos, totens, formas que lembram esculturas pré-colombianas erguem-se do chão. A vegetação raquítica e quase desértica do cerrado é suavizada aqui e ali por uns raros ipês amarelos em floração. Atraído pelo barulho de água corrente, Bento começa a caminhar.

28. O banho de Bento

Margeando um terreno pantanoso onde os insetos proliferam, Bento chega à água mais pura. Um riacho limpidíssimo, uma queda-d'água e um poço natural, forrado de seixos rolados, convidam ao banho. Assim mesmo como está, vestido com o macacão de voo e equipado para a sobrevivência na selva, Bento enfia a cabeça na água fria. Lava-se e mata a sede ao mesmo tempo. Saciado, livra-se das roupas molhadas e equipamentos, que abandona sobre uma pedra. Completamente nu, recomeça a caminhar.

29. Encontro com Macário

Seguindo pela fantástica paisagem da Chapada dos Guimarães, Bento encontra a figura hirsuta e incomum de Macário, de pé e absolutamente imóvel. Bento o observa. Macário na verdade está ali de pé, sem se mexer, há vários dias. Não parece se dar conta da presença de Bento ou de qualquer outro elemento exterior. Subitamente, Macário dá um violento tapa no próprio ombro. Horrorizado com o gesto maquinal, prevendo a tragédia, Macário examina o mosquito ensanguentado que esmagou com a palma da mão. Com um grande grito, parte correndo em direção ao pântano onde os insetos proliferam.

30. Macário se entrega às muriçocas

Chegando ao pântano, Macário com muita pressa e aflição trata de reparar o ato cruel que cometeu e mete-se na lama até que a água estagnada lhe atinja o pescoço. Imóvel de novo, lágrimas a escorrerem dos olhos congestionados, deixa que os mosquitos, em nuvem que lhe envolve a cabeça como um halo, sirvam-se de seu sangue.

31. A ceia de Isidoro

Crepúsculo na Chapada dos Guimarães. Bento continua onde estava quando Macário se mandou. Perto de Bento, uma grande pedra se move sobre o chão. Do buraco que a pedra tampava, emerge Isidoro. Sem se dar conta da presença de Bento, Isidoro prepara-se para cear. Coloca sobre a pedra uma folha de buriti que lhe serve de prato. Sobre ela, a sua refeição: meia dúzia de sementes, dois pequenos frutos secos e murchos, uma raiz. No chão, ao lado da pedra que serve de mesa, Isidoro deposita uma pequena moringa de barro com uma caneca de lata amassada em cima.

Permanece por algum tempo ajoelhado, contemplando a mesa posta. A comoção vai lhe tomando o rosto até explodir em pranto convulso. Isidoro tampa o rosto com as mãos, como se estivesse concentrada ali, diante dele e para ele, a bondade do Senhor.

Assim como começou, ele para de chorar e serve-se do primeiro grão sem enxugar as lágrimas. Numa premonição sente a presença de Bento. Volta o rosto e o espia fixamente por algum tempo. Decide-se. Toma da comida e da água e vai até Bento. Põe tudo no chão diante dele e separa criteriosamente ao meio a refeição. Depois de uma leve hesitação, coloca a raiz na porção de Bento. Pensa melhor e deixa tudo com Bento. Entra no buraco e se cobre com a pedra.

Bento se acocora. Bebe um pouco da água. Deita-se com a cabeça numa pedra. Anoitece. Bento começa a cochilar. Logo abre os olhos. Uma musiquinha longínqua chega a seus ouvidos. A ela se misturam vozes também distantes, como na conversa de dois radioamadores. Apoiando-se no cotovelo, Bento espia em volta e não vê nada. Os sons desaparecem, substituídos por risadinhas infantis. Um grupinho de crianças seminuas o espia de longe. Bento volta a deitar-se. As risadinhas são maldosas. Ouve-se um tropel de pessoas que se perseguem correndo. Gritos, ruídos de chicotadas. As crianças fogem, subitamente...

Bento está exausto. Fecha os olhos e dorme.

32. Bento capturado

Raia o dia na Chapada. Bento ainda dorme, mas os eremitas já se entregam à atividade. Passa um deles, arrastando um longo amarrado de folhas de buriti. Outros concentram-se em orações solitárias e silenciosas, ajoelhados sobre pedras ou prostrados com a cara no chão. Dois outros passam num jumento, que montam juntos, em pelo. Vão a caminho das águas e cada um carrega um cântaro vazio de barro. Alguns estão sentados em isolamento, trançando cestos de palha ou fibra de buriti. Um se desloca curvado sob o peso de uma grande pedra que carrega no ombro. No alto de uma esguia agulha de pedra um eremita estilita contempla imóvel o horizonte. Cresce o ruído de um helicóptero que se aproxima. É o mesmo helicóptero militar que resgatou na véspera o corpo de Mauro. O helicóptero em breve está sobre eles e sobrevoa a baixa altitude. Está cheio de militares em uniforme de campanha, mas Larroque desta vez não está entre eles.

Despertando com o ruído e a ventania, Bento parte em fuga desabalada. O helicóptero pousa, entre nuvens de poeira. Vários soldados se lançam à perseguição de Bento. Vão correndo aos impropérios, derrubando o que encontram no caminho. Bestificados, os eremitas não se mexem.

Em meio à correria, um oficial dá tiros para cima. Uma das balas passa com um silvo rente ao eremita estilita, que não se perturba. Outra o derruba.

Penetrando no pântano onde está Macário, Bento é finalmente agarrado diante do santo homem que permanece impassível, a cara inchada, completamente deformado pelas picadas dos insetos. Dominado e algemado, Bento resiste furiosamente, mas é arrastado por seus captores.

33. Taís se entrevista com Barros

Retomando seu trabalho no jornal, que atravessa uma fase de grande reformulação, Taís é convocada para a sala do novo editor-chefe, OB, Odair Barros.

Os colegas e ela própria se alvoroçam. Pode ser mais uma demissão sumária, das muitas que vêm ocorrendo. Os colegas falam de caça às bruxas, de perseguição política, da radical mudança no jornal, adquirido por um conglomerado de poderosos grupos econômicos que se mantêm à sombra. OB seria o representante deles, o testa de ferro incumbido de toda a tarefa.

Esperta, apreensiva, Taís evita se comprometer com a posição dos seus companheiros jornalistas.

OB recebe Taís em seu amplo gabinete. Quando a secretária se retira, deixando Taís sozinha com OB, a expressão do editor-chefe se modifica. Enquanto fala com rispidez ao telefone, OB sorri mais que amavelmente para Taís. Cobre o bocal do aparelho com a mão, para pedir-lhe mais um segundo de espera. Acenando para que ela se sente, ele volta a ser extremamente ríspido, grosseiro e arrasador com o seu interlocutor telefônico. Desliga sem se despedir, e dirige-se para Taís com o melhor de seus sorrisos.

OB comenta a situação que encontrou no jornal que começa a dirigir. Fala da linha esquerdista, impatriótica que o jornal vinha adotando, da infiltração comunista na redação, da limpeza que pretende promover. Menciona o respaldo e a "carta-branca" que traz dos poderosos grupos financeiros que assumiram o controle do jornal, do apoio e da amizade que o ligam aos órgãos de segurança.

Fala do Comandante Larroque, deixando no ar a insinuação de que o Comandante tem especial interesse no futuro profissional de Taís. Alude contristado à morte de Mauro e é evidente na sua maneira de falar que ele sabe mais do que diz sobre os problemas por que vinha passando Mauro e que o teriam levado ao suicídio. Com ironia dosada, ele comenta o custo *per capita* desse moderno processo de suicídio e finalmente chega ao assunto. Convida Taís para ser a colunista social do jornal em sua nova fase. A proposta é excelente. Salário alto e 50% do que ela vier a conseguir para promover interesses especiais através de sua coluna.

Taís aceita, mas se confessa perplexa diante de sua inexperiência no ramo. Pede ajuda, mais informações, quanto o jornal espera obter de faturamento através da coluna, que tipo de cliente ela poderia obter, como etc.

Radiante com a aquiescência de Taís, OB a tranquiliza e lhe promete ajuda e assistência constante. Pede em seguida licença para telefonar ao Comandante Larroque, que espera informações imediatas sobre o resultado da conversa que acabam de ter.

34. Taís almoça com Larroque

Um carro utilitário, com o título *Correio de Brasília* pintado na carroceria, deixa Taís na Churrascaria do Lago.

Entrando, Taís vê o Comandante, que se levanta para recebê-la, e caminha até ele. Garçons se precipitam para fazê-la sentar-se e atendê-la.

O diálogo entre os dois se desenvolve entre coquetéis de camarão graúdo e um bom vinho branco, de que o Comandante já se servia antes que Taís chegasse.

Larroque se desculpa por ter pedido os camarões e o vinho sem consultar Taís. É que essas coisas em Brasília têm de ser planejadas com antecedência. *Know-how* militar aplicado à gastronomia, em homenagem a uma bela e bem-sucedida jornalista.

Taís, infelizmente, tem alergia a camarão, mas alivia o desaponto de Larroque aceitando de bom grado o vinho branco, que não podia ter sido mais bem escolhido para acompanhar as emoções do dia.

O Comandante entende, sorri e vai ao assunto: como Taís recebeu a proposta de OB?

Taís fala da oportunidade maravilhosa que lhe caiu do céu, talvez com um avião; fala de seu medo, da falta de experiência. Larroque a tranquiliza. Ela terá uma equipe, um confortável escritório convenientemente afastado da redação do jornal, telefones e todo o necessário. Larroque indica que manobra os investimentos do jornal através do grupo financeiro que adquiriu o controle acionário do *Correio*, sobre o qual tem *alguma* influência.

Taís encaminha a conversa para saber de Bento. Estranha que os jornais não tenham feito menção a ele nas notícias sobre o desastre. Ele realmente escapou? Está bem?

Larroque sorri, como quem tem o poder. Diz que Bento sofreu ferimentos leves e está se recuperando, mas que o trauma psicológico parece ter sido grande.

Os telefones de Mauro e de Bento estavam grampeados. Assim, por obrigação profissional, ele passara a conhecer e admirar a garra de Taís. Mauro era o empecilho perigoso que a impedia de subir na vida, e ele sabia disso.

Larroque conta que a princípio suspeitara dos três, mas que logo se convencera de que Taís não sabia mesmo nada sobre o envolvimento de Mauro com a subversão, mas que Bento ainda estava sendo investigado. Taís se alarma. Diz que ela tem por Bento uma grande amizade e que Bento não lhe escondia nada. Se ele tivesse tido qualquer envolvimento com subversão ela teria sabido. Fala que Bento gostava de voar e de fazer esporte, mas que nunca tinha se interessado por política; que, se Larroque acreditasse mesmo nela, tinha também de acreditar na inocência de Bento.

Larroque diz que conhece bem as relações de Bento com Taís. Diz que sabe de cor certos trechos do que eles diziam no apartamento dezoito do Motel 3 Poderes.

Taís se levanta para sair, mas Larroque a segura pelo braço com brutalidade.

LARROQUE: Se você quer que o teu amiguinho não sofra muito, é melhor ficar boazinha. Nós vamos agora pro 3 Poderes, apartamento dezoito. Eu desligo os microfones. Quero ouvir você ao vivo.

TAÍS (*olhando firme nos olhos de Larroque*): Então você solta o Bento.

LARROQUE: Negócio fechado. Amanhã você pega ele no hospital. Às onze da manhã.

O Comandante se levanta e sai com Taís sem pagar a conta.

35. Taís busca Bento no hospital

Taís, de pé na porta do hospital, vê Bento aparecer. Caminha até ele. Bento está em trajes civis, sem nada nas mãos. Ao ver

Taís que se aproxima, ele fica mais tenso. Taís beija-o no rosto, pega-o pelo braço e o leva para o carro de Mauro, que ela está usando. Taís abre a porta e Bento se senta, sem dizer nada. Taís toma o volante e parte. Ficam em silêncio por algum tempo, enquanto se afastam do hospital.

TAÍS: Eles te maltrataram?

Bento não responde.

TAÍS: Eu sei que eles te torturaram. O Larroque me disse.

Bento continua mudo, olhando em frente.

TAÍS: Bento, você não gosta mais de mim?

Bento continua sem falar. Depois de algum tempo olha para Taís. Demora-se um pouco experimentando o que está sentindo. Volta a olhar a estrada.

BENTO: Pra onde você está indo?
TAÍS: Não sei. Eu queria ficar um pouco com você. Posso?
BENTO: Me leva pra casa.

Taís, o rosto tenso, muda de direção.

TAÍS: Você não quer falar comigo?

Bento não responde.

TAÍS: Bento, minha vida mudou. O jornal está sendo todo reformulado. Eles vão me dar a coluna social, vão me pagar melhor. Eu vou sair daquele apartamento. Não voltei mais lá.

Estou morando em hotel, Bento, eu quero viver com você. Eu te amo. Eu quero ficar com você, Bento, eu não aguento ficar sem te ver. Esses dias foram um suplício. Minha única defesa era pensar em você. A única coisa que fiz de verdade foi te esperar. Te esperava tanto que não pude pensar em mais nada. Eu não quero pensar em mais nada, só em você. Se você quiser, eu saio do jornal, largo tudo. A única coisa que eu quero é ficar com você. A gente some daqui, vai pra um lugar onde eu possa cuidar de você, passar o dia e a noite inteira com você. Vamos? Eu viro o carro e a gente vai agora, assim mesmo, sem levar nada. Fica uma semana juntos, longe de tudo. Vamos?

BENTO: Não. Eu quero ficar sozinho. Me deixa em casa.

Taís estaciona diante do edifício de Bento. Ele desce, fica parado olhando para Taís.

TAÍS: Posso te telefonar?

Bento faz que sim com a cabeça. Taís parte. Bento olha para o edifício. Levanta a cabeça para ver as janelas do seu apartamento. Dá-lhes as costas e vai embora.

36. Bento retorna à Chapada

Vestido com a mesma roupa com que saiu do hospital, mas já imunda, Bento se reencontra no sítio dos eremitas.

Vai até o buraco de Isidoro, só reconhecível pela pedra que lhe serve de tampo. Bento hesita. Bate na pedra com os dedos. Olha em volta. Pega uma pedra pequena e bate com ela delicadamente na tampa de Isidoro. Como nada acontece, insiste, batendo mais forte. A pedra move-se então lateralmente, empurrada pelo santo homem que emerge do buraco de péssimo humor. De pé no buraco, Isidoro fica visível apenas do peito para cima.

BENTO: Posso ficar com vocês?

Isidoro olha para Bento sem responder. Afinal sai do buraco, recusando a ajuda que Bento lhe oferece. Põe-se a caminhar com passos decididos. Bento continua onde estava, perplexo. A certa distância, Isidoro para de caminhar. Volta-se para Bento e, percebendo que ele não vem, faz sinal com a cabeça para que o acompanhe.

Isidoro volta a caminhar com determinação, agora seguido por Bento à distância respeitosa. Bento vai cheio de esperança. No caminho, cruzam com o jumento, amarrado a uma árvore, desta vez sem cavaleiros no dorso.

37. O Pensatório

Isidoro, acompanhado por Bento, chega ao lugar conhecido como o Pensatório. Numa espécie de grande buraco circular, os eremitas se sentam numa arquibancada cavada na terra que termina num espaço redondo como o de um pequeno palco de arena. É o plano mais baixo do Pensatório. Ali, de pé, Pácomo faz algumas recomendações. Sem que os outros se deem conta deles, Isidoro e Bento ficam em cima, à borda da assembleia.

PÁCOMO (*enumerando preceitos que vai contando nos dedos*): Cuidado com a prestação de serviços recíprocos. Acabou essa história de tirar espinho do pé dos outros. Cada um tira o seu. Dar banho em companheiro fica totalmente proibido. Também não pode montar junto no jumento. Tem que ser um só de cada vez. Não pode mais falar com outro no escuro, nem ficar de mãos dadas. A distância mínima entre dois companheiros aumenta para dois metros.

Levantando os olhos, Pácomo vê Isidoro e Bento. Cala-se, olhando para eles.

ISIDORO: Esse cara voltou. Está querendo ficar conosco.
PÁCOMO (*depois de algum tempo perscrutando Bento*): Entrega ele pro Serapião.

Pácomo encerra a reunião. Todos se levantam. Isidoro sai com Bento, que o acompanha à distância prudente.

A caminho do *habitat* de Serapião, Isidoro e Bento passam por um eremita que flutua no ar como um balão cativo, preso por uma corda a uma pedra de grande porte.

38. Serapião inicia Bento

Bento, levado por Isidoro, chega à ermida de Serapião, que está agachado, com um chicote na mão. Serapião tem o dorso nu todo lanhado de chicotadas.

ISIDORO (*para Serapião, indicando Bento*): Pra você.

Isidoro deixa Bento e parte apressado.

Serapião, olhando fixamente para Bento, recomeça pensativamente a se flagelar. Depois de algum tempo, olhando nos olhos de Bento, Serapião indica com a cabeça um balde velho no chão.

SERAPIÃO: Tá vendo aquele balde? Enche de água e traz aqui.

Feliz, contendo o sorriso, Bento pega o balde e se manda. Começa a correr de pura alegria.

39. Bento posto à prova

Bento chega com o balde ao pântano. Macário ainda ali assiste, cada vez mais inchado. Bento interrompe a carreira e sorri para ele. Macário não retribui. Bento volta a correr. Encontra o córrego ou cachoeira em que se banhara antes. Colhe a água límpida no balde, mas ao levantá-lo percebe que a água escorre como de um regador pelos inúmeros furos no fundo do balde. Aflito, sem saber o que fazer, Bento torna a mergulhar o balde na água. Retira o balde rápido e parte com ele em desabalada carreira. A uns poucos metros, o balde já está vazio. Bento examina o fundo do balde contra o céu. Os furos se dispõem concentricamente. Foram feitos de propósito.

Bento tem uma ideia. Sai procurando alguma coisa pelas pedras do rio e encontra. O macacão de piloto que abandonara, a faca na bainha. Bento pega a faca, alguns gravetos e começa a trabalhar. Faz pequenas buchas cônicas, com que veda os furos.

Serapião se aproxima em silêncio e fica olhando o trabalho de Bento. Bento está de costas para Serapião e não o vê. Concluída a vedação, Bento enche o balde de água e vai correr com ele, quando dá de cara com Serapião. Situa-se. Dá o balde a Serapião. Serapião olha o fundo do balde por baixo, não se importando de derrubar um bocado de água. Com os dedos grossos e fortes, expulsa cada bucha de seu buraco. Devolve o balde a Bento e parte.

Bento fica perplexo. Põe o balde no chão, diante dele. Concentra-se, em última instância, como quem faz o esforço decisivo. Termina. Abre os olhos. Pega o balde e o enche de água. Olha por baixo. Os furos estão lá, mas o balde não vaza. Bento exulta e parte em disparada, levando o balde para Serapião.

40. Serapião aceita Bento

Serapião, concentrado, continua a se flagelar. Bento chega ofegante. Dá o balde a Serapião. Serapião põe de lado o chicote e examina o balde cheio de água. Ilumina-se de satisfação. Olha bem para Bento, pega um chicote sobressalente e lhe dá. Flagelam-se então os dois, cada um a si, e riem-se de satisfação. Bento chega a ter os olhos úmidos de alegria.

41. Inauguração do escritório de Taís

Grande agitação no escritório novo de Taís, que vai ser inaugurado. As pessoas correm de um lado para o outro. Chegam grandes buquês de flores com cartões de gente rica e influente. Fotógrafos, orientados por Taís, documentam a decoração do escritório, todo ele muito bem equipado, em cores alegres e de bom gosto. As assistentes de Taís, enquanto se agitam, são perseguidas pelo estilista de moda e seu assistente, que tentam dar os últimos retoques em suas criações, todas elas usadas com desembaraço pelas moças de sociedade que Taís transformou em estagiárias-jornalistas.

A chegada de OB causa tumulto. Taís pega-o pelo braço e lhe mostra cada detalhe do arranjo, apresenta-lhe todo mundo, confere com ele a lista de convidados com presença garantida. Assistentes ainda dão telefonemas de última hora para confirmar a vinda de pessoas importantes. Garçons passam com caixas de uísque e champanhe importados, gentilmente oferecidos pelos fabricantes, como tudo o que está ali.

OB degusta um excelente *scotch*, enquanto acrescenta alguns nomes de pessoas já convidadas por ele à lista de Taís. São ministros e generais.

Taís expõe a OB a ideia maravilhosa que teve. A sua coluna será inaugurada ocupando uma página inteira do segundo caderno e terá a colaboração de todas as pessoas famosas que virão à festa. Elas ditarão notas, fofocas, comentários, notícias assinadas, que comporão, com a crônica inaugural de Taís e as fotografias do coquetel, toda uma página no dia seguinte. OB acha a ideia excelente, mas explica a Taís que a matéria só poderá sair no fim de semana. O segundo caderno fecha com antecedência. Taís se impacienta, discute com OB e, ao ver os primeiros convidados chegando, diz que eles poderão decidir o assunto em seguida, quando chegar o Comandante.

A festa é um sucesso de mundanidade. Mulheres supervestidas se excitam com o champanhe e em breve disputam máquinas e datilógrafas num alarido festivo. Há ciumeiras, notas maldosas, umas aplaudidas, outras sequestradas e rasgadas pelas pessoas atingidas. Um sucesso. OB assiste a tudo com certa irritação. Taís monopoliza o Comandante que chega, cochicha com ele e solta-o em cima de OB. Os dois discutem, mas a posição de OB vence. Tudo aquilo está muito bom, muito original, será um verdadeiro *happening* jornalístico, mas o *Correio* é um jornal sério e ele se recusa, como profissional que é, a mudar o que já está impresso para o dia seguinte. Larroque entende e trata de convencer Taís. A matéria será publicada como quer OB, no fim de semana, inaugurando a coluna diária de Taís. A colunista e o editor-chefe acabam de disputar o primeiro *round* de um confronto que se promete acidentado.

No banheiro lotado de mulheres bonitas e alguns gays, alguém estica várias fileiras de pó que são imediatamente consumidas, enquanto outro enche taças de champanhe com uma garrafa gigante. Taís é introduzida no banheiro e, embora preocupada com a proximidade das autoridades presentes, não deixa de cheirar a sua. A conversa, excitadíssima, descamba para Bento. Todas o acham uma gracinha, brincam maldosamente com o escrúpulo de Taís em se aproximar dele.

Taís explica que soube pelo Comandante que Bento voltou para a companhia de uns eremitas malucos e que vive agora isolado com eles longe de Brasília. As mulheres se excitam, querem saber de tudo. Uma jovem senhora, particularmente sonhadora, conta que homens santos têm uma espantosa capacidade erótica quando lhes acontece não resistir à tentação da carne.

A ideia é ir lá, tentá-los e experimentá-los.

42. Amor de madrugada

O dia está raiando enquanto Taís e o Comandante fazem amor no apartamento dezoito do Motel 3 Poderes.

Na mesa de cabeceira, fileirinhas, canudo de prata, montinho de pó, champanhe.

LARROQUE: Diz, diz se você ainda gosta daquele filho da puta, diz!

TAÍS: Não, eu não gosto mais dele. Eu gosto de você, de você...

LARROQUE: Aquele otário... Você gosta de otário, não é?

TAÍS: Não!...

LARROQUE: Então diz que ele é um brocha, um otário, diz, repete!

TAÍS: Ele é um otário, um brocha.

LARROQUE: Você é uma mentirosa. Ninguém mente pra mim.

Larroque dá violento tapa na cara de Taís, enquanto continua trepando furiosamente. Taís se excita.

LARROQUE: Você gosta de apanhar, não gosta?

Larroque dá mais dois tapas na cara de Taís.

TAÍS (*no auge da excitação*): Gosto! Adoro!...

Larroque bate mais.

43. Taís volta à redação

Taís, olheiras fundas, excitada, entra na redação do jornal. Os colegas a ignoram ostensivamente e ela a eles. A uma piadinha que lhe dizem pelas costas, Taís vira-se e responde ferina. A briga vai se alastrar, com outros já aderindo à pichação de Taís, mas ela os ignora e invade a sala do editor-chefe. Dentro da sala, a porta ostensivamente fechada na cara dos que ficaram fora, Taís muda imediatamente de expressão, passando a irradiar alegria e animação. Vai dizendo a OB que o material ficou fantástico, que está superengraçado, que a página vai ficar uma delícia e começa a contar como são divertidas as notas que as dondocas escreveram, enquanto vai sacando da bolsa uma porção de papéis de várias cores e formatos diferentes em que as mulheres escreveram. Taís procura uma, não acha, lê outra, são todas ótimas, tem cada maldade maior que a outra etc.

Enquanto fala, lê as folhas, acende um cigarro, vai empilhando tudo na mesa de OB, que está cada vez mais furioso. OB cata meticulosamente cada folha que Taís vai pondo na mesa, compara uma com a outra, admira-se da diversidade entre elas, irrita-se mais até que desabafa.

Explica então, pacientemente a Taís, que não pode ser assim, entregar um negócio assim, ilegível, inteiramente bagunçado, que ela, Taís, tem de organizar aquilo tudo, botar títulos, entretítulos, explicar quem é quem, e pôr tudo limpinho no papel próprio da redação, que tem linhas horizontais e verticais numeradas, que assim facilita a paginação. Enquanto fala, OB vai enfiando os papéis todos na mão de Taís, levando ela pelo braço, abrindo a porta e praticamente plantando Taís na mesa de alguém que ele comanda.

OB: Dá aí um porrilhão de blocos de redação pra moça.

OB fecha a porta. Taís volta a abri-la, diz a OB que não carrega embrulho, que ele mande levar os blocos para ela. OB, pelo interfone, aciona um contínuo. Taís se retira, enfrentando sobranceira as ironias dos companheiros.

44. Taís volta ao escritório

Chegando ao escritório, acompanhada pelo contínuo fardado com uma pilha de blocos, Taís está mal-humoradíssima, mas recupera a alegria com a surpresa de encontrar algumas das mais afoitas colegas da véspera à sua espera.

Taís maltrata as assistentes, dá-lhes de volta a bronca que recebeu de OB, manda que elas refaçam tudo conforme as regras e se instala para cheirar e conversar com as amigas. O assalto aos eremitas é planejado.

45. Pecadores em Ceilândia

Uma bela tarde, carros luxuosos chegam a Ceilândia, cheios de lindas mulheres e de gays deliciosos. Quase todos usam óculos escuros e estão sem maquiagem. Alguns dirigem os próprios automóveis, outros se servem de motoristas fardados.

Em algum ponto agitado e pobre da cidade, todos param e descem para tomar refrigerante em um botequim bem popular. Uns protestam, outros se divertem com a sujeira local.

Informam-se sobre a localização de um salão de beleza, a Soceila, e partem para lá distribuindo gorjetas a torto e a direito.

46. Na Soceila

As mulheres, entre as quais naturalmente Taís, e alguns poucos gays da escolta chegam à Soceila, uma espécie de puteiro e salão de beleza, nos arredores de Ceilândia.

Lá dentro instala-se uma grande excitação. As mulheres cheiram, bebem, fumam, pintam-se e são maquiadas. Experimentam roupas, circulam nuas, untam-se, perfumam-se, vestem-se.

A tarde cai.

47. Tensão no céu

Reunião no Pensatório, marcada por tensão crescente. Bento está presente. Todos os anacoretas comparecem. À medida que a noite se aproxima, uivos longínquos de animais tornam-se mais frequentes e mais próximos. Alguns bichinhos estranhos vão aos poucos se infiltrando entre os santos homens. Estes acompanham tudo deliciados, entreolham-se, têm acessos frenéticos de riso súbito que abafam escondendo o rosto ou cobrindo a boca. Isidoro, Serapião, Macário, todos ignoram a presença dos bichinhos. Pácomo está falando no meio da arena.

PÁCOMO: O pior é que a idade e o tempo passado na solidão não alteram em nada esses desejos. Pelo contrário. O Malaquias, desde que veio para cá, não passa um dia nem uma noite sem enfrentar as mesmas tentações. É ou não é, Malaquias?

MALAQUIAS (*um velhinho*): Positivo. Pra onde eu olho, cada vez tem mais mulher.

GELÁSIO (*superior*): A mulher é uma ilusão da noite.

PÁCOMO: Nem sempre, infelizmente. E não é só mulher. Têm também os rapazinhos, que são até mais perigosos. Há solitários que não conseguem resistir. Os textos são claros.

SERAPIÃO: Oséias deu um bom castigo pra um desses. Mandou ele voltar para a própria ex-mulher.

A plateia se delicia com a maldade de Oséias.

PÁCOMO: Bem, pra encerrar, que a noite vem chegando com seus perigos, tem gente que depois de uns dois anos de treinamento faz o teste de resistir a um corpo feminino e medir o resultado, mas eu não aconselho. Boa noite.

Pácomo se retira apressado. Ao primeiro sinal de sua retirada, os bichinhos dão no pé. Os solitários também se apressam. Cada um toma rumo sozinho, em silêncio, caminhando apressadamente. Outros bichos, alguns maiores, cruzam com eles, igualmente apressados. O uivo dos animais está bem mais próximo. Um perfume perturbador começa a se fazer sentir. Os solitários protegem-se em seus abrigos. Macário, atrasado, põe-se a correr até atirar-se no pântano.

48. Pecadores no céu

Íncubos e súcubos, mulheres deliciosas e lindíssimas, entre as quais estão Taís e suas novas amigas, rapazinhos homossexuais, todos em trajes tão elegantes quanto provocantes, ou inteiramente nus, descem de um luxuoso ônibus de turismo que estaciona no deserto do cerrado.

Conversando animadamente, rindo muito, o grupo enfrenta a pé a terra vermelha e árida, dirigindo-se para o reduto dos santos.

Entre derradeiras conferidas na maquiagem, olhadinhas em espelhos de bolso, *trousses*, vão trocando comentários sobre os santos que pretendem seduzir.

Macário, Serapião, Isidoro, o próprio Bento, Malaquias, o velho tesudo, todos são objeto de cobiça e disputa em que se enaltecem os seus mais desejáveis atributos.

49. Invasão do céu

Todos se preparam: Isidoro entra no buraco, Macário mergulha etc. Bento treme de medo em sua cela. Pega o chicote e começa a se flagelar.

Do lado de fora, alarido, gritos, correrias.

De repente, Bento tem uma visão terrível. No chão de sua cela está um torso de mulher nua, de carne estupendamente branca. Não tem cabeça e dos braços e pernas só o princípio. Mas mesmo assim dá pra ela abrir as pernas e a boceta, mostrando o interior cor-de-rosa.

BOCETA FALANTE: Bento, mulher gosta de carinho. Aproxima de mim tua boca, Bento... Vem.

Horrorizado, Bento dá um grande grito. Abre a porta entrincheirada de sua cela, pega o tronco feminino e o vareja longe. Na mão direita, um pouco de gosma. Bento sai em pânico, procurando um lugar para lavar as mãos.

Passa uma mulher pelada, fazendo 200 metros rasos com barreira.

Outra mulher mija nas flores silvestres, rindo-se perdidamente.

Outra passa pedalando uma bicicleta em perseguição a um santo que foge em pânico. Close da xoxota sobre o selim.

Uma cabeça guilhotinada rola pelo chão imprecando.

CABEÇA: Otário que eu fui! Deixei de trepar aos 45 anos!

Alguém mostra o cu para a câmera.

Uma mulher arrasta um santo monge pelo pau enquanto ele grita.

MONGE: Não, pelo caraio *não*!

Várias mulheres amontoam-se sobre um monge, rasgando-lhe as vestes, arrancando-lhe as barbas.

Mulher nua sopra ar com um fole na bunda de um santo. Outra mulher espia por baixo do hábito de um monge.

Passa um santo correndo com uma mulher pelada nas costas.

Outro santo esconde-se debaixo de uma ponte por onde passam mulheres e diabos em disparada.

50. Taís assalta Bento

Bento refugia-se em sua cela, põe a tranca na porta, precipita--se para pegar o chicote. A mão de Taís, cheia de anéis com grandes esmeraldas, segura-lhe o pulso.

TAÍS: Depois, Bento, depois. Agora eu quero te ver, você não sabe a vontade que tive de você todo esse tempo, Bento, eu bati tanto pé de impaciência que fiquei com calo. (*Taís ri*) Bento, quebrei até minhas unhas, olha!

Taís mostra o pé para Bento, descalçando o sapatinho vermelho de salto alto. As unhas de seus pés também estão brilhantes de vermelho e uma perna magnífica escapa pela abertura de seu vestido de noite. Bento esconde o rosto contra a parede num gesto de pânico.

TAÍS: Minhas lágrimas fizeram dois buraquinhos em minhas mãos, Bento, olha!

Taís mostra as mãos para Bento, que aperta cada vez mais o rosto contra a parede, recusando-se a ver os buraquinhos que Taís tem de fato nas mãos.

TAÍS: Porque eu te amo muito, Bento, muito!

Bento tapa os ouvidos.

TAÍS: Ah, se você quisesse, meu amor, se você quisesse deitar comigo. Minha cama é mais macia que uma nuvem. Você não quer? Beber vodca gelada dentro de frutas, Bento, ver o sol nascer entre esmeraldas...

Taís toca no cabelo de Bento e os primeiros raios de sol daquele dia, passando pelas frestas da cela, incidem sobre as esmeraldas nos dedos de Taís. Bento se encolhe, bate os dentes.

TAÍS: Olha, Bento, como é lindo... Eu conheço toda a imaginação do teu desejo, tudo.
Se você tocar no meu ombro, no meu braço, no menor pedaço de meu corpo, meu beijo vai se derreter em sua boca, você vai se perder no meu cabelo, molhar os meus seios, Bento, vem...

Taís deixa cair a parte de cima de seu vestido. Bento se precipita para o chicote e começa a bater em Taís, que se encolhe, grita e geme no tremor de um prazer desvairado.

TAÍS: Bento! Eu estou gozando! Bate, meu amor, bate!

Bento joga longe o chicote, precipita-se para a porta, arranca a tranca, agarra Taís pelos cabelos e a atira para fora. Taís cai na terra seca do cerrado, seminua, o sol nascente lhe incendeia o cabelo em desordem enquanto Bento se tranca de novo.

TAÍS (*levantando-se do chão e imprecando contra a porta fechada*): Você vai se arrepender, Bento, você vai ficar sozinho, ah, como você vai se entediar, seu cretino!

Taís ri a mais não poder.

51. Os pecadores se retiram

Ao nascer do dia, os pecadores batem em retirada, levando as marcas dos combates em que se empenharam. Olhos roxos, roupas rasgadas, maquiagem desfeita, sapatinhos de salto quebrado nas mãos, lanhos de chicote pelo corpo.

Apesar das dores, conversam animadamente sobre as loucuras que viveram naquela noite memorável.

Taís, apoiada numa das companheiras, diz-se resolvida a esquecer de vez aquele amor que a maltrata.

Os pecadores embarcam no ônibus de turismo que os espera e partem.

52. Visões de Bento

Ajoelhado em sua cela rústica, Bento deixa cair finalmente o chicote com que se flagelava. Tem as costas nuas horrivelmente feridas, está ofegante, com o suor a lhe escorrer pelo rosto.

Subitamente seus olhos se esbugalham ante uma visão terrível: Taís, nua, está sendo violentada por um homem enorme, barbudo e peludo. Taís está gritando em desespero, mas não se ouve o som de seus gritos.

Bento se levanta horrorizado, mas logo seus olhos estarrecidos têm outra visão: Taís, meio nua, de quatro, sendo enrabada pelo mesmo homem. O rosto de Taís, voltando-se para trás, crispa-se numa expressão de dor para Bento ver.

Bento tampa os olhos com as mãos, mas se dá mal. Vê Taís, em plano próximo, com um falo enfiado na boca. Mesmo de boca cheia, Taís ainda consegue dizer, já irritada: "Bento, porra!". Mas de novo não se escuta a sua voz.

Em desespero. Bento enfia a cabeça num balde velho, cheio de água. É inútil. Taís lhe aparece ajoelhada no ar, vestida de freira, os braços estendidos em súplica para Bento, lágrimas a lhe escorrerem pelo rosto. Está cercada pelas chamas do inferno.

Bento tira a cabeça do balde e sai desatinado porta afora.

53. Isidoro dá consulta

Abatido e trêmulo, vai ao buraco de Isidoro. Bate com uma pedra. Como sempre, não há resposta; Bento então bate de novo. A pedra-tampo finalmente se move, empurrada pela mão em garra do santo homem. Isidoro emerge, procurando acostumar os olhos à claridade do dia.

Bento olha para ele fixamente, em grande aflição.

ISIDORO: Que foi? Eles te pegaram?

BENTO: Ela. Eu bati, expulsei, mas não adiantou. Está aqui, entrou na minha cabeça e não sai. De olho aberto ou fechado, ela não para de me aparecer. E sofrendo, Isidoro! Como ela sofre! Eu não aguento! Da última vez me apareceu vestida de freira. E me chamando, Isidoro! Você acha que tem inconveniente? Eu dou um pulinho lá, afasto a coitada daqueles horrores e pronto, volto rapidinho. Que que você acha?

ISIDORO: Olha, o velho me dizia: "Não saia de lugar nenhum". Mas talvez fosse exagero dele. Se a coisa está como você diz, não adianta fugir nem ficar, tem que encarar. Eu mesmo é que daqui não saio.

Dito isto, Isidoro afunda no buraco e se tampa com a pedra. Bento se levanta iluminado.

BENTO: Obrigado, Isidoro. Eu vou e na volta a gente se fala.

Completamente nu, Bento se orienta e parte apressado.

54. Bento se veste

Chegando ao pântano em que assiste Macário, Bento o saúda rapidamente. Procura e acha o macacão de aviador com que chegara pela primeira vez àquelas paragens. Veste-o. O macacão está imundo e rasgado, mas Bento se sente bem com ele. Pega um galho como cajado e se põe a caminho.

55. Primeira levitação

Bento faz o trajeto inverso ao que o levou à Chapada dos Guimarães.

Fusões sucessivas sobre Bento caminhando em lugares que se vão sucedendo à medida que ele se aproxima de Brasília, com a luz também se modificando com o correr do dia de viagem.

Ao entardecer, já diante do perfil característico de Brasília, Bento abandona o cajado, sobe três degraus invisíveis no ar e passa a se deslocar em translação retilínea uniforme, a meio metro do chão e velocidade moderada. A câmera o acompanha lateralmente.

56. Bento no prédio de Taís

Sempre levitando, Bento saca do bolso o cartão de visita de Taís, confirma o endereço e sobe os degraus que levam ao prédio dela. Levita escada acima, mantendo constante a distância de seus pés em relação à linha que passa pelos vértices dos degraus.

O porteiro, perplexo, vê Bento passar por ele em levitação e entrar no elevador. A porta começa a se fechar. A câmera, dentro do elevador, fixando os pés de Bento que continuam sem apoio no ar, vê a porta acabar de se fechar, o piso do elevador subir e alcançar os pés de Bento, transportando-o para cima já em estado de não levitação.

57. Bento na festa de Taís

Taís oferece uma recepção em seu novo, amplo e elegante apartamento. A empregada uniformizada abre a porta e dá de cara com Bento, barbado, sujo, com o macacão laranja em petição de miséria. Bento vai entrando, mas não chega a atingir a sala. Um segurança o agarra, um garçom larga a bandeja para ajudar a expulsar a insólita figura. No tumulto que se forma, cada vez mais cercado por gente que o empurra, Bento levita verticalmente. Bate com a cabeça no teto e permanece grudado ali, hirto, o rosto contraído, os olhos fechados, as pálpebras apertadas, os pés juntos, os braços esticados ao longo do corpo, os punhos cerrados. Resiste a todas as tentativas de puxá-lo para baixo.

OB e Larroque surgem atarantados no *hall*. Depois de um momento de pasmo, Larroque lança-se sobre Bento e puxa-o furiosamente para baixo. OB chega a pendurar-se nele e parece divertir-se com isso para maior fúria de Larroque, que perde a paciência e saca de uma enorme pistola 45, enquanto se afasta alguns passos, berrando.

LARROQUE: Desce ou te abato a tiros!

É um corre-corre. Taís aparece providencialmente. Com um gesto suave, mas irresistível, baixa a pistola de Larroque e estende as mãos para Bento, delicadamente.

TAÍS: Desce, meu amor. Eu não deixo ninguém te fazer mal.

Bento abre os olhos, hesita um pouco, aceita a mão estendida de Taís e desce para o chão. Ante a fúria invejosa dos homens e a admiração das mulheres, Taís conduz Bento ao bufê da sala. Um garçom toma a iniciativa de oferecer uísque escocês a Bento, que o fulmina com o olhar.

TAÍS (*para o garçom*): Água. Só água pura, por favor.
BENTO (*para Taís*): Tira essa gente daqui.
OB (*desvairado*): O fotógrafo. Chama o fotógrafo, porra!
LARROQUE: Não chama fotógrafo nenhum! (*para Taís*) Se esse cara fica, saio eu.

Taís o encara serenamente, de mão dada ainda com Bento. Larroque entende. Começa a destruir tudo. Em meio ao pânico que se estabelece, com pessoas que fogem porta afora, bandejas arrancadas a tapa das mãos dos garçons, Taís e Bento permanecem serenos, olhando-se comovidos.

Larroque interrompe a demolição ao perceber aquela troca de olhares. Furioso, ofegante, anuncia.

LARROQUE: E tem o seguinte. Eu é que paguei este apartamento e toda a merda que tem aqui dentro. Amanhã mesmo você vai passar ele pro meu nome.

Larroque sai porta afora.

TAÍS (*para Larroque que está saindo*): De jeito nenhum. Você deu a entrada, mas as prestações quem vai pagar sou eu. E pode ficar tranquilo que logo logo eu te devolvo o dinheiro e todo esse lixo que você pôs aqui dentro. Amanhã de manhã está tudo na casa da tua mulher. (*para os que ficaram*) E agora, por favor, eu quero ficar sozinha com o Bento.

Na porta de saída, OB percebe que Larroque, a ponto de tomar o elevador, está voltando mais irritado que nunca.

LARROQUE (*de novo sacando a pistola*): Sozinha com ele, é? Sua filha de uma puta...

OB mais que depressa fecha a porta do apartamento e atraca-se com Larroque.

OB: Comandante, por favor, não faz loucura! Não mata a galinha dos ovos de ouro! Pensa no jornal: "Santo que voa casa com colunista social". É a sorte grande, Larroque, o jornal vai vender como água!

58. Romaria

Caos na entrada do edifício de Taís. Aleijados, cegos, devotos, um padre, parapsicólogos, paralíticos, jornalistas e curiosos afluem para lá em número crescente. Chega a polícia e depois um delegado, o único a penetrar no edifício.

59. OB observa

OB acompanhado de um fotógrafo do jornal, o Grisalha, atinge um ponto de observação elevado de onde pode devassar o interior do apartamento de Taís. Embaixo o caos continua.

Enquanto o fotógrafo ajusta o diafragma da teleobjetiva, OB esquadrinha de binóculo as janelas do prédio de Taís. Passa rápido por uma moça completamente nua e muito atarefada, passa por outras janelas e vai por fim enquadrar Bento lendo em levitação inclinada, num cômodo vazio do apartamento. Dá um berro de excitação.

OB: Tá lá! (*para o fotógrafo*) Depressa, cara, depressa!

GRISALHA (*procurando frenético com a teleobjetiva*): Cadê? Cadê?

OB: Lá, porra, na tua frente, ali!

GRISALHA (*disparando*): Demais, patrão, demais!...

60. Delegado x Taís

O delegado, desembarcando do elevador no andar de Taís, atravessa uma pequena multidão de deficientes físicos, doentes, jornalistas, e é atendido por Meiry, a empregada, que o deixa entrar.

Bate-boca do delegado com Taís. O delegado insiste em falar com Bento, o que Taís não permite. Levitar não é crime.

A discussão é interrompida pelo *bip* que o delegado traz na cintura, ao lado do revólver. Ele pede licença a Taís para usar o telefone. Liga para os seus superiores, escuta-os em silêncio. Acata as instruções que recebe, desliga e comunica a Taís, mudando completamente de atitude, que, por ordens superiores, a polícia permanecerá embaixo apenas para garantir o direito à privacidade de todos os moradores do edifício. Diz que vai evacuar a área, despede-se e vai embora.

Taís procura Bento e o encontra na posição em que OB o viu, lendo em levitação inclinada. Percebendo imediatamente a inconveniência da situação, Taís se precipita para fechar a janela.

TAÍS: Bento, meu querido, que imprudência! Com a janela aberta!

61. Discussão no jornal

Em sua sala, isolado na redação do jornal, OB folheia irritadíssimo várias fotografias em preto e branco de uma mulher nua tomadas com teleobjetiva através da janela de um apartamento.

A mulher é a mesma que ele tinha visto de passagem, quando procurava Bento no apartamento de Taís, com o binóculo. OB disca um número no telefone interno.

OB: Quem é o cretino desse fotógrafo que saiu comigo de manhã? Hum. Pois demite o imbecil. Já! Não interessa quantos anos ele tem de casa! Demite.

Enquanto OB fala ao telefone, Taís irrompe em sua sala. OB desliga. Taís traz várias folhas de papel de redação, agora convenientemente datilografadas, que deposita na mesa de OB. É a coluna social que deve ser publicada no dia seguinte. OB examina as folhas.

TAÍS (*vendo as fotografias em cima da mesa*): Estou vendo que o nível está baixando mesmo. Quer dizer que você vai atacar de mulher pelada na primeira página? Me diga uma coisa, Barros. Como é que eu posso manter uma coluna social de alto nível num jornal assim? Você não sabe que quem fatura alto não se mistura?

Enquanto Taís vai falando, OB folheia as notas que Taís lhe trouxe.

OB (*lendo*): "Apesar de todo o sigilo, soubemos que a estupenda doação anônima responsável semana passada pelo acréscimo de alguns zeros à direita da conta bancária do Padre Lopes, diretor da Casa de Piedade, foi feita por D. Julietinha Souza Pessoa, essa incansável e discretíssima locomotiva de nossa sociedade. Ao fundo, a simpática figura de Tomás Souza Pessoa, diretor do Fundo Nacional de Resseguros". Quanto?

TAÍS: 10 milhões brutos. E é a primeira de uma série.

OB (*lendo outra nota*): "Teresinha Hildefonso voltando encantada de seu tour pelo Oriente e África. Impressionou-a profundamente a abnegação de Madre Joana de Bombaim, que se alimenta exclusivamente de raízes silvestres à frente do leprosário que dirige. Teresinha, prudentemente, usou binóculo em suas observações". Quanto?

TAÍS: Nada, é claro. Você acha que eu vou cobrar até elogio a santo?

OB se levanta, toma Taís pelo braço e vai sentar-se com ela nas poltronas de seu amplo gabinete.

OB: Minha filha, coluna social não é lugar pra trocar santinho. É um espaço jornalístico que as pessoas devem temer e cobiçar.

É uma mina de ouro, pra ser frequentada pelos ricos e poderosos. Santo, minha filha, não tem dinheiro. Agora, há casos em que um santo pode valer muita grana. E você, Taís, está com um em casa. Um santo só pra você. Isso não pode. Santo tem que ter muitos devotos, não tem santo de uma devota só! Ou não tem nenhuma ou tem muitas ao mesmo tempo, dezenas, centenas!

TAÍS: Você é realmente uma pessoa repulsiva. A minha relação com o Bento é pura, linda, casta, não tem nada a ver com o mundo em que você vive, em que eu vivia, Barros, até que o Bento me salvou.

OB: Não, Taís, o Bento ainda não te salvou, pelo contrário. Mas pode te salvar. O Larroque quer o que é dele, quer dizer, você e a grana do apartamento. O Larroque pode tudo e você sabe muito bem do que ele é capaz. Aqui no jornal, Taís, você também vai mal. Muito mal. Estava tudo bem até o Bento aparecer. Agora não. Agora você está com um pé na rua.

Mas ainda dá pra consertar tudo. É só você colaborar. Jornal vive de notícia, Taís, e você é uma jornalista, apesar de quase todo mundo aqui achar o contrário. Você é uma jornalista que tem uma história sensacional dentro de sua própria casa.

O Bento pode não ser tão santo assim, mas ele voa, Taís, ele levita, e isso é que interessa. Ele é um novo tipo de santo, minha filha, que, além de voar, namora. E namora você, Taís, uma colunista social, porra!

TAÍS: Barros, o seu problema é que, além de não voar, você rasteja. Você é um verme, Barros.

Taís passa a mão em suas notas, cada vez mais amassadas, e sai porta afora. OB pega o telefone.

OB: Chama aí o Grisalha e o Armandão. Eu demiti o Grisalha? Então readmite.

62. Fotografando o presunto

Em Ceilândia, um carro de reportagem do *Correio de Brasília* chega com estardalhaço ao local de um crime de morte.

Grisalha, Armandão e o motorista, por apelido Fitipaldi, descem na maior cafajestada. Grisalha de máquina fotográfica em punho e bolsa capanga de fotógrafo; Armandão com um punhado de folhas de redação e uma caneta esferográfica vagabunda; Fitipaldi vai de xereta mesmo, chacoalhando as chaves do carro na mão.

ARMANDÃO (*para a turminha de populares aglomerada*): Cadê o presunto?

POPULAR: O rabecão já levou.

ARMANDÃO: Não é possível. Que hora que fecharam o cara? Não foi às nove? São dez e meia, uma hora e meia não dá pros home fazerem perícia, investigação, o escambau e ainda levar o presunto. Essa não. Essa é recorde.

GRISALHA: Eu te avisei. Tomar aquele "cafezinho" foi uma roubada.

ARMANDÃO: Não enche o saco, porra. Eu sou um profissional. Tenho cinco anos de jornal! Então você acha que eu não sei quando dá tempo pra tomar uma cana? Aqui tem mutreta. Onde é que estava o corpo?

POPULAR: Ali. Olha a mancha de sangue. Levou três tecos. Dois na cara e um no peito. Morreu na hora.

ARMANDÃO: Quem atirou nele?

POPULAR: Não sei. Ninguém viu.

ARMANDÃO: Ninguém viu. Vocês são uns cagões. Mostra aí como é que estava o corpo.

POPULAR: Assim ó, de bruço, com a cara no chão. Não deu tempo nem pra chegar as formigas.

ARMANDÃO: Fitipaldi, tu vai fazer o papel de morto. Deita aí que o Grisalha vai te fotografar.

FITIPALDI: Mas aí, Chefia, com a cara no melado?

ARMANDÃO: Deita aí e não discute. Se a gente chega no jornal sem a foto, o OB põe os três na rua.

Armandão começa a anotar o nome da vítima e as circunstâncias em que se deu o crime, enquanto Grisalha e o popular corrigem a posição de Fitipaldi.

63. Foto de grupo

Apartamento de Taís, que recebe a visita de três amigas. O apartamento continua quase vazio, depois que os móveis de Larroque foram retirados. Taís deixa as amigas esperando na sala e vai ao quarto buscar Bento. Está muito animada.

TAÍS (*em off, entrando no quarto*): Bento, desce que eu quero te apresentar minhas amigas.

JULIETA: Taís, não, pelo amor de Deus, essas coisas não se interrompem...

Mas Bento já emerge do quarto caminhando normalmente, trazido por Taís.

TAÍS (*apresentando as amigas*): Julietinha...

Bento não responde, mas sorri gentilmente enquanto vai cumprimentando uma a uma as amigas de Taís com um aperto de mão britânico.

JULIETA: Muito prazer... Desculpe...

MARIA PIA: Nós não queríamos interromper...

BENTO: Não, não tem importância, não se preocupe.

TAÍS: Maria Pia e Priscila.

PRISCILA: Muito, muito prazer!

JULIETA: Taís, você deixa? (*tirando uma camerazinha automática da bolsa*) Olha, eu trouxe minha máquina. O Bento levita só mais uma vezinha pra gente tirar uma foto com ele. É automática, tá vendo? Eu ponho ali...

TAÍS: Não posso, Julietinha. O Bento não permite fotografias.

BENTO: Pra vocês eu abro uma exceção.

JULIETA (*já providenciando*): Só umazinha, Taís, pra gente ter de lembrança. Eu prometo que não mostro pra ninguém.

JULIETA (*enquadrando o grupo*): Vocês ficam ao lado dele e deixam um lugarzinho pra mim. Assim. Junta mais um pouquinho. Tá ótimo. Eu disparo o automático e corro pr'aí. Não levita muito alto, tá Bento, senão você sai de quadro. Lá vai.

Julietinha põe a câmera sobre uma estante vazia, mais ou menos no ponto em que enquadrava, aciona o disparador e corre para o grupo. Bento dá uma levitadinha e o *flash* dispara com todos sorrindo para a câmera. Bento desce.

As moças começam a conversar animadamente com ele, enquanto Taís traz os desenhos que ela mesmo esboçou para a redecoração do apartamento em estilo neomonacal, ou conventual íntimo. Todas adoram, fazem sugestões.

Bento participa com charme discreto da animação do grupo.

64. Cata Crioulo

OB, Armandão e Grisalha, num carro caindo aos pedaços dirigido pelo segundo, vasculham o Gama, Ceilândia ou outra cidade-satélite de Brasília. Armandão dirige com completo descaso pela segurança dos pedestres. Grisalha vai atrás e os dois outros na frente.

ARMANDÃO: Não sei onde é que esse crioulo se meteu. Ele tá sempre por aqui. Acho que ele é perfeito pro que o senhor quer.

OB: É, vamos ver. Tem que ser tipo povão mesmo. O oposto desse tal Bento, que é um elitista escroto. Burguesão metido a besta. Um santo que só levita em particular e não dá entrevista. Uma multidão precisando de milagre e o cara trancado num apartamento. Ainda mais com mulher. Com um bom crioulo eu resolvo isso.

GRISALHA: Mas o crioulo vai voar mesmo, Chefia?

OB: Grisalha, quantas vezes você escova os dentes por mês? Porra, tu tá com um bafo podre, cara. Você tem escova de dente?

GRISALHA: Caiu no vaso.

OB (*tirando dinheiro do bolso*): Toma. Compra escova, pasta de dente, fio dental, dentifrício, o diabo. E tem o seguinte. Chega pra trás. A distância mínima pra tu falar comigo é um metro.

Claro que o crioulo não vai voar, mas a gente joga ele pra cima ou joga pela janela e você fotografa. O negócio é parecer que ele voa. O Armandão dá um jeito.

ARMANDÃO: Deixa comigo, Patrão. Esse crioulo só de ver a grana já sai voando. (*sempre procurando*) Sacanagem. Ele está sempre por aqui. Toma as canas dele ali, no boteco do Pereba. Vamo dar uma olhada.

OB: Pera aí, vai com calma. Sem testemunha. Tudo no maior sigilo. Se esse negócio vaza, tá todo mundo fodido.

ARMANDÃO: Que é isso, Chefia... Eu sou um profissional. Não ia expor o senhor numa jogada que não fosse limpeza pura. Porra, não está lá também. Onde é que se meteu esse sacana?

GRISALHA: Ó ele lá, com um burro sem rabo.

ARMANDÃO: O próprio. Tá em plena forma. Vamo lá, Grisalha.

OB: Aí, nada de conversa no boteco. Vai lá e explica o lance, mas sem entregar nada, compreendeu? Ele não tem que saber porquê nem praquê porra nenhuma. Só que vai ganhar uma grana pra fazer o que você mandar e ficar calado. Daqui eu saco ele. Se não servir, te faço um sinal e você dispensa.

ARMANDÃO: Falou. Fica tranquilo, Chefia. O crioulo é burro, mas de toda confiança. Serviço sujo eu sempre entrego pra ele e nunca me dei mal.

Armandão e Grisalha saltam do carro e se dirigem para o crioulo. OB coloca os óculos escuros. O crioulo arrasta um burro sem rabo carregando tudo o que é resto vendável: jornal velho, papelão, garrafas vazias, cadeira quebrada. Caminhando rápido para ele, acompanhado do Grisalha, Armandão chama.

ARMANDÃO: Psiu! Tição!

O crioulo para. OB observa. O tipo é perfeito.

65. Sob vigilância

Chegando a seu prédio, no carro esporte do ano que trocara pelo de Mauro enquanto Bento fazia sua segunda temporada entre os anacoretas, Taís repara que dois homens a observam de um carro estacionado do outro lado da rua. Têm aparência de policiais.

Ao entrar no edifício, Taís vê dois outros homens, com o uniforme da Companhia Telefônica, mexendo nos fios que saem do edifício. Taís toma coragem e se dirige a eles.

TAÍS: Algum defeito nos telefones do prédio?
HOMEM: Não senhora. É só manutenção.

Taís finge acreditar e sobe.

66(a). Taís liga para Larroque

Entrando em seu apartamento, Taís está tensa e preocupada. Sem fazer barulho, vai dar uma olhada na sala, de onde lhe chegam estranhos ruídos misturados a um canto improvisado. É Bento que, cheio de alegria, se chicoteia proveitosamente, enquanto entoa uma espécie de salmo, ao mesmo tempo em que lê um grosso volume de teor não definido, que um dispositivo para a leitura em pé mantém à altura de seus olhos.

Com um gesto reprovador de cabeça, sempre silenciosamente, Taís fecha-se no escritório de onde liga para Larroque.

TAÍS: Eu gostaria de falar com o Comandante Larroque, por favor. É Taís.

LARROQUE: Larroque? Sou eu sim, Taís. Acho que pela primeira vez encontrei alguém mais teimoso que eu.

TAÍS: Não, o Bento não. Você. O caso dele é outro. Agora mesmo está muito contente se chicoteando na sala.

Larroque, eu estou precisando de você. Não. Estou precisando falar com você. Está uma confusão danada lá embaixo por causa do Bento. Teve um delegado aqui, mas falou com alguém e foi embora. Lá embaixo tem dois homens da Telebrás mexendo nos fios dos telefones e outros dois encostados num carro, olhando aqui pra cima há um tempão. Estou com medo, Larroque. Eu acho que eles estão me vigiando.

67. Larroque x Taís, no telefone

Larroque, instalado em seu gabinete, fala de um telefone que grava a si mesmo.

LARROQUE: Estão mesmo, minha vaquinha. Mas não é bem você que eles estão vigiando, é a sua casa. Aí tem gente que voa e aqui é a Base Aérea. Mas fique tranquila. É gente minha que está fazendo o trabalho.

66(b). Taís e Larroque

TAÍS: E você acha que isso deve me tranquilizar? Olha, eu posso te ver? Já? No motel?! Será que você não pode ser um pouquinho menos grosso? Não? Então em meia hora te encontro lá. Mas a gente vai só conversar. É. Só.

Taís desliga o telefone e procura a empregada.

TAÍS (*para a empregada*): Se o Bento perguntar, diz que eu ainda não cheguei, que telefonei do jornal dizendo que ia demorar.

EMPREGADA: Só se acontecer outro milagre. Ele não fala comigo.

Taís não responde. Pega a bolsa e sai apressada, fechando a porta sem fazer barulho.

68. De volta ao motel

Taís chega ao Motel 3 Poderes em seu carro esporte. Os funcionários da portaria, já avisados, mandam que ela entre.

Larroque abre a porta da suíte em que costuma ficar. Está com uma camisa esporte vistosa, colorida, exibindo os bíceps poderosos e a pele bronzeada, um copo de uísque na mão.

LARROQUE: A santinha no motel! Magrinha de olheiras, perfeito! Quer um uísque, santinha? Uma fileirinha? Você cheira, bebe, reza e trepa, tudo ao mesmo tempo, quer?

TAÍS: Larroque, por favor, você sabe quanto me custa estar aqui. Eu preciso de você, quero que você me proteja, que não se vingue de mim e do Bento. Eu estou me sentindo ameaçada e você sabe que eu não tenho como me defender. O Barros quer me demitir do jornal, e você, se quiser, num instante some comigo e com o Bento. Ele não tem culpa, Larroque!

Enquanto Taís fala, Larroque cheira uma boa fileira de várias que estão dispostas em paralelo sobre uma mesinha de mármore preto; serve-se de outra dose de uísque, despe-se calmamente.

TAÍS: A cabeça dele se abriu, Larroque, ele viu outra vida, uma vida limpa, pura, na frente dele. O que a gente sentia um pelo outro mudou. Não tem mais desejo entre nós. Ele voltou por pura bondade.

E eu entendo apesar de não entender, vejo com meus olhos acontecer o que há de mais maravilhoso e impossível. É tão simples, Larroque, tão claro...

Ele virou santo, Larroque. Acho que foi tanto horror junto que deu nisso...

Taís se interrompe quando Larroque começa a se despir.

LARROQUE: Minha filha, o Bento é um caso de transgressão à ciência. E você sabe que nós temos uma formação rigorosamente científica.

Larroque entra na piscina particular que equipa a suíte.

LARROQUE: Por enquanto eu me limito a observar, mas, quando for preciso agir, não vou hesitar. Um cara que voa é uma ameaça em potencial.

TAÍS: Mas por que, meu Deus? Um passarinho te ameaça?

LARROQUE: Pra passarinho, basta um menino, uma pedra e uma atiradeira. Já um subversivo nos ares...

TAÍS: Subversivo? Mas você mesmo quase não matou ele pra se convencer do contrário?

LARROQUE: Às vezes a gente erra e deixa um vivo. Mas vem cá, tira essa roupa de santinha e entra aqui. A água está morna, uma delícia.

TAÍS: Não faz as coisas ainda mais difíceis pra mim. Eu queria que você me prometesse...

Larroque joga água em Taís.

LARROQUE: Não prometo nada. Você já está me devendo muito. Carro, apartamento, emprego, coluna social, pra ficar com um santo de fancaria arranchado em casa? À minha custa, santinha?

TAÍS: Eu vou-me embora.

Larroque salta sobre Taís, que ia sair. Aos palavrões, agarra a moça e se joga com ela na piscina.

69. Levitação dupla

Taís chega em casa arrasada, olho roxo, vestido rasgado que secou no corpo.

Entra na sala quase sem móveis. No meio, um genuflexório duplo. À luz de um tocheiro de vela, um grosso livro aberto repousa, sem quem o leia, num desses apoios de igreja.

Bento, em posição já habitual, com o corpo reto inclinado para trás formando um ângulo de uns 45 graus com o chão, sem apoio algum, lê ou medita, contrariando a lei da gravidade. Taís se agacha em fetal desespero.

O barulho, quase imperceptível, atrai a atenção de Bento, que se coloca imediatamente em posição vertical, desce e vem ter com ela. Segura-lhe as mãos, levanta-lhe o rosto. Do olho roxo escorre uma lágrima. Bento se agacha ao lado de Taís, toma-a pelos ombros, levanta-se com ela e a conduz abraçada para o genuflexório onde os dois se ajoelham, um de frente para o outro.

TAÍS: Não adianta, Bento. Eles vão nos perseguir até o fim. Você tem que ir embora, já. Eles vão te torturar de novo, eles vão nos matar, Bento. Eu estou com vergonha, tanta vergonha, não olha para mim, vai embora, pelo amor de Deus...

BENTO: Taís, às vezes a noite me ilumina. Uma tempestade se desata dentro de mim e caem raios de trevas mais pretas que a escuridão. São revelações, Taís, segredos que iluminam tanto que um só deles compensa tudo que se tenha conhecido de ruim na vida! É uma verdadeira descoberta, Taís, a pessoa fica tão animada que dá vontade de padecer mais, muito mais, e aí não padece nada, pelo contrário! E uma felicidade imensa, uma ânsia, uma inflamação de amor... Taís, eu quero pôr fogo em seu coração, quero afastar de você todo o medo, quero que você atravesse comigo a noite, a madrugada e logo...

Enquanto fala, numa euforia intensa que vai contagiando e iluminando a moça, Bento começa a levitar, elevando Taís com ele, de mãos dadas, ajoelhados agora no ar um diante do outro.

BENTO: ... a gente vai chegar às mais altas cavernas da serra, Taís, que estão bem escondidas. Vamos pisar na escuridão, vamos voar mais alto que os anjos, subir além dos querubins, planar. Taís, nas asas do vento...

No seu entusiasmo, Bento deixa as mãos de Taís e abre os braços para planar pela sala. Taís despenca.

70. Crioulo voa

O carro do fotógrafo Grisalha, cada vez mais maltratado, seguido de outro reluzente de novo, chega a um lamaçal ermo, à margem do lago Paranoá.

Do primeiro, descem Grisalha, com sua surrada sacola de fotógrafo a tiracolo, Armandão, uma bicha e, por fim, o negro Tição, vestido a caráter, isto é, fantasiado de Crioulo Voador, modelo inspirado no uniforme do Super-Homem, bolado por Armandão e executado por uma aprendiz de costureira de Ceilândia, amiga do Grisalha. Tição, de capa, bota e tudo, fica por ali, pisando na lama, pouco à vontade.

Armandão abre a mala do carro de Grisalha e tira de lá uma cadeirinha de armar, que coloca sob a luz dos faróis do carro chique de OB, que desembarcou acompanhado por dois amarra--cachorros troncudos e mal-encarados, todos de mau humor.

ARMANDÃO (*para a bicha*): Aí, Mirandinha, maquia logo o crioulo.

MIRANDINHA: Mas é aqui, nesse lamaçal, que vocês vão fazer a fotografia?

ARMANDÃO: E onde é que você quer que o Tição caia? No chão? Aqui tem água pra ele cair, morrinho pra pular e não tem ninguém pra ver a gente.

MIRANDINHA: Tudo isso, sem lama nem mosquito, tem na cobertura da Terezinha Pecô ou em qualquer mansão da Península dos Ministros. Em vez desse lago imundo, uma piscina limpinha, com mordomia e trampolim em lugar de morrinho com capim.

ARMANDÃO: Lá vem você com frescura de grã-finagem! Tu não pegou o espírito da coisa? O Crioulo Voador é proleta, cara, é um herói popular, entendeu? O negócio é esse mesmo, lama, morro e vê se não enche, porra. Quer fazer o favor de maquiar logo esse cara?

MIRANDINHA: Maquiar como? Só se eu pintar ele de branco. Põe a máscara e pronto, pula.

ARMANDÃO: Então vai, Tição. Põe a máscara e pula.

TIÇÃO (*pondo uma máscara tipo gatinha, de purpurina ciclâmen*): Mas eu não sei nadar!

GRISALHA (*perdendo a cabeça*): Tição, pula e não chateia. Aí deve ser raso e, se não for, tu te vira. Pela nota que você está levando até camelo nada.

ARMANDÃO: Deixa comigo. (*Pegando Tição e levando ele pelo braço para cima do morrinho*) Tição, pula que não tem problema, é só cair n'água que a gente te pesca no ato. Que é isso, cara? Quer me deixar mal? Um porrilhão de crioulo por aí, louco por uma boca dessas, eu te indico pro trabalho e tu quer dar uma de cagão? Vai lá. Lembra a posição? (*Armandão faz a posição do Super-Homem voando; Tição toma posição*) Aí, Grisalha, tá pronto? Não vai errar o foco.

GRISALHA: E tu já me viu errar o foco, filho da puta?

ARMANDÃO: Já. Mas dessa vez não erra. Vamo lá. Um, dois...

71. Rotativas

Rotativas de jornal imprimem a primeira página do *Correio de Brasília* em que se vê a fotografia do grupo tirada na casa de Taís, com Bento levitando, tendo ao lado, em igual tamanho, a foto do Crioulo voando.

As fotos estão encimadas por manchetes escandalosas: "Santo Grã-fino contra Crioulo Voador – Guerra nos Ares!".

72. Jornal vende

Em um ponto de grande movimento popular em Brasília, o *Correio* vende como água.

73. Desjejum com jerimum

OB, vestido com um elegante *robe de chambre* de seda, instala-se satisfeitíssimo para tomar o seu café da manhã, tendo na mão um exemplar do *Correio*. A mesa está posta para uma só pessoa, com grande variedade de frutas e quitutes maranhenses.

Larroque irrompe furioso, brandindo um exemplar do jornal diante de OB.

LARROQUE: Você ficou maluco? Então eu te dou um jornal pra dirigir, boto uma fortuna em tua mão pra combater a subversão comunista e você vem com sensacionalismo barato? Na primeira página, porra?

OB: Calma, Comandante. Senta aí, prova um pouquinho desse beiju. Olha aí, tem de tudo: tapioca legítima, jerimum do bom, o diabo. Vem tudo do Maranhão, especialmente pra mim. Via aérea. Fresquinho. A melhor comida do mundo, Comandante. Come que eu explico a jogada toda.

LARROQUE: Acho bom, porque senão amanhã de manhã você está comendo prato típico *in loco*, lá mesmo em São Luís do Maranhão, meu filho.

OB: Pera aí, Comandante, que é isso... O problema é que não deu tempo pra consulta e o jornal...

LARROQUE: Como não deu tempo, seu imbecil? Você tem meu telefone direto, pode falar comigo no carro, no avião, em qualquer lugar, porra! Que que há? Você está pensando que eu sou algum idiota?

OB: Idiota, Comandante? Pelo amor de Deus, o herói que... digamos, neutralizou os aviadores comunistas? Se não fosse você, eles tinham bombardeado Brasília! Mas um jornal não pode ser secreto, Larroque, jornal tem que vender, e muito, se quiser fazer a cabeça do povão. Não é isso que vocês querem? Fazer de cada pobre um anticomunista?

74. Taís cerca OB

Taís aparece furiosa na redação do *Correio*. A secretária de OB tenta barrá-la dizendo que ele não está, mas Taís não se deixa deter. Invade o escritório de OB e ali se instala para esperá-lo.

75. Rouba bolinho

Esgueirando-se furtivamente nos arredores de Ceilândia, Armandão observa, sem ser visto, um casebre isolado. Lá dentro, na cozinha, está uma pobre senhora fritando bolinhos. A cozinha tem uma janela baixa.

A mulher, com seus sessenta anos bem curtidos, capricha nos bolinhos, trabalhando num fogão enegrecido.

Armandão exulta, com água na boca, e se afasta rapidamente.

Perto dali, num lugar discreto, está parado o carro de Grisalha. Dentro dele, o próprio Grisalha e o Crioulo Voador, vestido a caráter, esperam pacientemente.

Armandão se aproxima excitadíssimo.

A pobre senhora, com muito carinho, vai retirando da fervura os deliciosos bolinhos e os deposita simetricamente sobre um paninho puído, branco e limpo, colocado sobre uma mesinha ao lado do fogão.

Armandão, o Crioulo e Grisalha aproximam-se da janela, abaixados para não serem vistos. Chegando a distância conveniente, Armandão e Grisalha dão um calço para o Crioulo e o atiram voando para dentro da cozinha, pela janela.

A velha toma um tremendo susto quando o Crioulo se estatela no chão. Antes que ela se refaça, ele se lança aos bolinhos e devora dois, apropriando-se ainda de um terceiro. Recobrando-se do susto, a velha senhora investe indignada contra o Crioulo, agredindo-o com a escumadeira. Em pânico, o Crioulo salta pela janela fugindo como se voasse. Estupefata, a velha senhora redobra de indignação e lança-se atrás dele, mas nem bem chega à janela é ofuscada pelos *flashs* de Grisalha, que consegue assim sensacionais flagrantes da velha boquiaberta, enquanto Armandão, entrando com suas longas pernas pela janela, começa imediatamente a entrevistá-la.

ARMANDÃO: Minha senhora, aconteceu alguma coisa? Nós somos do *Correio de Brasília*. A senhora também viu alguma coisa?

A SENHORA: Meu Deus, o Crioulo Voador! Era ele!

76. Taís contra OB

Chegando à redação do jornal, OB dá de cara com Taís, andando pra cá e pra lá na sala dele.

Brandindo o jornal, Taís avança furiosa para OB, que se defende das pancadas humilhantes, embora inofensivas, rodeando poltronas e mesas.

TAÍS: Seu filho da puta, que palhaçada é essa? Você quer me desmoralizar, é? Quem te deu essa foto? Quem te deu licença de publicar uma fotografia tirada na intimidade de minha casa, hem? Isso vai te custar caro! Eu vou te processar, seu cretino irresponsável...

OB: Para, pera aí, calma... Dá licença? Dá licença? Você, que é minha funcionária, não me negou o direito de entrevistar o Bento? Um jornal que eu dirijo não pode ser furado nesse nível! Isso eu não admito. Todo mundo tá sabendo que tem um cara levitando em tua casa e logo o *Correio* é que não dá nada? Essa não, comigo não! E tem mais: pra teu governo. Quem me vendeu essa foto foi a tua amiga do peito, a Julietinha, com todo o direito, aliás, porque foi ela que tirou a foto. E quer saber mais? A Julietinha agora também é colunista social do *Correio*. Não é uma grande ideia? No mesmo jornal, duas colunistas sociais! Inovar, minha filha, agitar...

TAÍS (*lívida*): De uma coisa você pode ficar certo, Barros. Isso não vai ficar assim. Não vai mesmo!

Taís sai da sala de OB batendo a porta com estrondo. Na sala da redação dá de cara com Julietinha, que vem chegando. Taís parte pra cima dela.

TAÍS: Sua perua filha da puta, eu vou te ensinar a ser escrota, sua nojenta, miserável...

77. Levitando no corredor

Noite no apartamento de Taís. A empregada vem pelo corredor trazendo uma bandeja com chá. Na semiobscuridade reinante, esbarra com a testa no calcanhar de Bento, que se encontra em estado de levitação solitária. A mulher deixa cair a bandeja e volta correndo para a cozinha.

78. Crioulo provoca

Taís chega em casa na maior fúria. Deixa o jornal em qualquer lugar, vai para o telefone e começa a discar.

Aparece a empregada, meio histérica, aos prantos.

EMPREGADA: Dona Taís, eu quero minhas contas que eu vou-me embora. Não aguento mais o seu Bento toda hora levitando pela casa afora. Agora mesmo, eu...

Taís, não conseguindo fazer o número e recomeçando a discar freneticamente.

TAÍS: Meiry, pelo amor de Deus! Não esquenta a cabeça que a minha já está fervendo. Vai pra cozinha, toma uma cerveja, se acalma que amanhã a gente conversa.

Taís volta a discar furiosamente.

EMPREGADA: Eu tô calma, dona Taís. Meu nervoso é só por causa do seu Bento. Eu vou tomar a cerveja, mas uma coisa eu quero lhe dizer: com o seu Bento aqui, eu não fico. A senhora...

Taís desligando mais uma vez o telefone, descontrolada:

TAÍS (*berrando*): Para, chega! Me deixa em paz! Amanhã a gente conversa, já te disse.

Meiry se retira indignada, resmungando. Bate a porta da cozinha. Bento vem se aproximando, enquanto Taís recomeça a discar. Vê o jornal abandonado, pega e começa a ler, andando devagar de volta para a sala. Taís consegue finalmente a ligação.

TAÍS: Alô. É da Base Aérea? O Comandante Larroque, por favor. Não está? Não, não precisa. Obrigada.

Enquanto Taís fala, Bento vai se tornando escarlate à medida que vê as fotos e lê a matéria.

Nesse momento, acontece algo de insólito. Na janela da sala, situada num andar alto do edifício, surge de cima para baixo o Crioulo Voador batendo no vidro pelo lado de fora e fazendo sinais, chamando Bento pra porrada. Pendurado por uma corda que manejam de cima com inabilidade, o Crioulo divide-se entre o pânico e a representação do papel que lhe confiaram. Bento, possuído pela ira, precipita-se para a janela, mas Taís, percebendo a tempo a situação, consegue correr e interpor-se entre Bento e a janela, enquanto o Crioulo, a pedidos desesperados, é içado para cima, pendulando e esperneando.

TAÍS (*colocando-se de braços abertos em frente à janela*): Não, Bento, não! Não aceite provocações!

79. Dormindo acordado

Em seu quarto de dormir, Taís não consegue conciliar o sono.

A cama e seu séquito, um dos poucos conjuntos a não terem sido extirpados depois da chegada de Bento, tem cetins acolchoados, babados curtos, tem estampados e estamparias que não chegam a ser orientais. A câmera está fechada sobre ela. Taís dá uma olhada para o que não se vê, mas se presume que esteja ao lado dela, na cama: Bento. Só que o olhar dela não corresponde exatamente à posição em que se imagina que estaria Bento. Vai um pouco mais para cima.

Taís se decide. Senta-se na cama e a câmera recua com o movimento de Taís, abrindo o quadro, em que então se vê que Bento dorme levitado ao lado dela.

Taís tira cigarro e fósforo de um esconderijo ao lado da cama. Taís fuma tensa e preocupada em primeiro plano, enquanto Bento dorme em bem-aventurança uns vinte centímetros acima da cama.

Subitamente, Taís tem uma grande ideia. Levanta-se rápido da cama e vai catar o jornal. Ao lado da fotografia do Crioulo voando está o nome do fotógrafo, em letras pequenas.

Taís se veste num instante. Pega uma pequena máquina de fotografar, dessas automáticas, com *flash* eletrônico, verifica se tem filme, pega as chaves, põe tudo na bolsa e sai.

80. Em busca do Crioulo

Em seu carro esporte, Taís dirige velozmente por uma estrada de Brasília. Vai em direção a Taguatinga. O dia está nascendo.

81. Taís flagra o Crioulo

Grisalha, estremunhado, de pijama listrado, abre a porta de sua modesta casa, que estão esmurrando.

Taís invade a sala, passa por Grisalha e abre a primeira porta que encontra.

A mulher de Grisalha, uma megera, acorda assustada. Taís sai do quarto. Vê outra porta fechada, que também dá para a sala. Grisalha se precipita, mas ela é mais rápida. Entra no quarto e flagra Tição dormindo, vestido de Crioulo Voador. Taís saca da câmera e dispara seguidamente, usando o *flash*. O Crioulo pula da cama. Está com o uniforme todo amarfanhado.

82. Paz armada

Taís, Larroque e OB almoçam na Churrascaria do Lago. Taís coloca sobre a mesa as fotografias do Crioulo tiradas por ela em preto e branco. OB se precipita sobre elas, mas Taís é mais rápida. Põe a mão em cima.

OB: Você está louca? Esconde isso.

TAÍS: Não vou esconder, não, vou publicar. E não vai ser no *Correio*. Agora, também posso não publicar, mas tem o seguinte: 1º) você demite hoje mesmo aquela jararaca do jornal. A colunista social do *Correio* sou eu e mais ninguém; 2º) você para imediatamente com essa campanha contra o Bento e nunca mais menciona sequer o nome dele no jornal.

OB consulta Larroque com o olhar.

LARROQUE: Ok, não tem problema. Condições aceitas.

OB: Mas, meu Deus, e o jornal? Vocês não pensam no jornal? A tiragem dobrou, porra! Taís, pelo amor de Deus, o combate aéreo tem que ter. O Bento abate o Crioulo, a gente dá o desfecho que você quiser, mas o que não pode é frustrar a expectativa que se criou nos leitores. Vê se compreende!

LARROQUE: Ô Barros, você está descolando da realidade. O que se passa no ar, aqui em Brasília, tá na minha jurisdição. E combate aéreo eu não vou permitir de jeito nenhum. Combate aéreo é uma coisa linda, um negócio muito sério. E você quer me esculhambar a instituição? Negócio seguinte, você me acaba com esse crioulo. Manda ele pra Serra Pelada, pra puta que o pariu. Deixa o assunto morrer. O Bento é problema meu. E você avisa a ele, Taís, se eu pego esse veado voando no meu espaço aéreo, em cinco minutos ele está abatido.

TAÍS: Quanto a isso você pode ficar tranquilo. Já botei cadeado em todas as janelas. Agora, a jararaca. Sai?

OB: Que jararaca?

TAÍS: A própria. A Julietinha Jararaca.

OB: Isso não tem problema. Hoje mesmo ela está demitida. O chato é o crioulo. Só se eu fizer ele amarelar... É isso aí: "Crioulo cagão foge da briga". Pronto, tá resolvido. Depois eu invento outro troço, um tarado-tatu que ande por baixo da terra. Assim não tem problema com o Larroque. Bom, eu vou direto pra redação. Estou esperando a tua coluna, Taís.

TAÍS (*apressando-se*): Eu também vou. Barros, muito obrigada.

LARROQUE (*com expressão de subentendido*): Barros, espera um pouco que eu tenho outros negócios pra conversar com você. (*levantando-se e beijando Taís*) Vai trabalhar, garota. E te cuida, hem? Esta semana a gente conversa.

83. Beija-flor

Taís, radiante de contentamento, inaugura a nova decoração de seu apartamento, em estilo neomonástico, recebendo algumas amigas para um chá de panela. Taís está particularmente deslumbrante, embora o seu vestido, idealizado por ela mesma para a ocasião, seja de extremo recato: um longo de gola alta, com dois zíperes, um longitudinal, do pescoço ao púbis, e outro horizontal, à altura do seio, formando o desenho da cruz. À hora aprazada, as amigas comparecem, como sempre voluptuosas e provocantes, mas todas usando vestidos que são como fantasias estilizadas a partir de hábitos religiosos.

Todas elas trazem presentes de utilidade doméstica de alguma maneira adequados à ambiência monacal em que deverão ser usados.

Bento, envergando um novo e elegante manto criado por Taís, parece singularmente sedutor. O efeito devastador que provoca faz-se notar nos olhares e na perturbação das mulheres ao serem por ele cumprimentadas. Sentadas à mesa, para o chá conventual, ou de pé pela sala, todas se admiram com as maneiras de Bento, que se mostra surpreendentemente conversador e cativante.

Passando de quando em vez por ali, alguns pequenos animais de configuração inexistente na natureza criam certa inquietação nas mulheres, que fingem não os ver, a exemplo de Taís e Bento que os ignoram, embora Bento, quando um deles passa mais perto, o acaricie discretamente.

Terminado o chá e grandemente acrescida a excitação reinante, as mulheres insistem para que Bento faça uma pequena demonstração de levitação. Os animaizinhos, parecendo contaminados pela tensão crescente, escondem-se e trocam de lugar em corridinhas para melhor observar a cena. Alguns deles parecem cochichar uns com os outros.

Para inquietação cada vez maior de Taís, Bento acede aos pedidos, com os olhos cada vez mais brilhantes. Pede que as mulheres se ajoelhem em círculo em torno dele, concentra-se e aos poucos decola, vibrando intensamente, até cerca de meio metro de altura. Estabilizando-se nessa altitude, sempre vibrante, ele começa a girar sobre o eixo vertical, dando a frente, sucessivamente, a cada uma das mulheres, devorando-as com os olhos brilhantes, até que num movimento súbito, acompanhado por um urro de júbilo, de costas para a câmera, ele levanta o manto e exibe para as moças radiantes o membro viril em formidável ereção, girando sobre si mesmo de modo a mostrar-se para todas.

A gritaria é geral. Bento sobe e desce sobre as mulheres como o beija-flor faz com as flores e as penetra sucessiva e brevemente, numa gula indiscriminada.

As mulheres vão ao desvario e tentam retê-lo nos braços, mas ele volteia sempre, servindo a todas e aumentando cada vez mais a frequência e a rapidez do sobe e desce.

Nesse momento, Taís, que se mantinha imóvel e interdita fora do grupo, num movimento de irresistível orgulho descerra a cruz de zíperes da túnica e emerge maravilhosamente nua do pano que lhe cai aos pés.

Bento, em pleno voo, capta essa visão esplendorosa que por um momento o paralisa, para em seguida atirar-se sobre Taís, num *piqué* fulminante. Em meio ao tumulto que se estabelece, com as senhoras seminuas tentando recuperá-lo à força dos braços de Taís, o apartamento é invadido por homens encapuzados e fortemente armados, que agarram Bento e o sequestram violentamente.

84. Final

Avião militar de transporte em voo noturno. A porta do meio está aberta. Bento e o Crioulo Voador estão deitados de bruços sobre o piso metálico, as mãos algemadas nas costas. Homens fortes, mal-encarados e armados, em uniforme de paraquedistas, vigiam os prisioneiros, divertindo-se com pequenas maldades.

Um deles, por exemplo, pisa no crânio de Bento, apertando-lhe o rosto contra o chão.

O Comandante Larroque emerge da cabine dos pilotos, em traje esportivo.

LARROQUE: Solta esses merdas. Agora é que nós vamos ver se eles voam mesmo.

Os soldados tiram as algemas de Bento e do Crioulo. O Comandante agarra-os pelo gasnete e atira-os porta afora do avião em voo. O Crioulo vai primeiro e Bento em seguida.

LARROQUE: Voa, filho da puta!

A câmera fica sobre Bento, que, uma vez fora do avião, sente-se em seu elemento. Abre os braços tranquilamente e põe-se em posição para planar. Constata então, horrorizado, que não está planando coisa nenhuma, mas sim caindo em queda livre.

É quando, milagrosamente, o Crioulo o recebe nos braços, em pleno ar. A capacidade de voar transferiu-se sem explicações de Bento para o Crioulo.

CRIOULO: Ué, meu branco, tu não avoa mais não?

BENTO (*agarrando-se todo no Crioulo*): Neguinho! E pensar que eu queria te derrubar...

Os rostos colados, *cheek to cheek*, sorriem um para o outro, enquanto voam indiferentes à artilharia antiaérea que tenta alcançá-los. Trata-se de um lindo companheirismo que sucedeu à rivalidade entre eles.

Fim

Nota biográfica

Joaquim Pedro de Andrade nasceu no Rio de Janeiro, em 25 de maio de 1932. Segundo filho de Rodrigo Melo Franco de Andrade (1898-1969) e de Graciema Sá (1898-1997). Graduou-se bacharel em física pela Faculdade Nacional de Filosofia do Rio de Janeiro. Foi bolsista de cinema do governo francês e da Fundação Rockfeller em 1961 e 1962. Fez estágios no Idhec, Institut des Hautes Études Cinematographiques, na Cinemateca Francesa e na indústria cinematográfica francesa com o produtor Sacha Gordine; na Slade School of Arts, em Londres, com Thorold Dickinson, e com os irmãos Albert e David Maysles, em Nova York, para treinamento em técnicas de cinema direto.

Com Mário Carneiro, colaborou, no início dos anos 1960, com o Instituto do Patrimônio Histórico e Artístico Nacional (Iphan) para a realização de filmes e registros visuais de monumentos, obras e artistas.

Dirigiu seis longas-metragens e inúmeros curtas e documentários.

Em 1984, no Festival Internacional de Cinema de Roterdã, a obra de Joaquim Pedro de Andrade foi objeto de uma retrospectiva individual, em seguida apresentada em Paris, na Cinemateca Francesa. Nessa ocasião, Sylvie Pierre filmou um longo depoimento com o cineasta, depois transformado em documentário.

Joaquim Pedro de Andrade foi casado com Sarah de Castro Barbosa, Cristina Aché e Ana Maria Galano. Teve três filhos: Alice (1964), Antonio Francisco (1977) e Maria Graciema (1979).

Quando Joaquim Pedro morreu, no Rio de Janeiro, em 10 de setembro de 1988, em consequência de um câncer no pulmão, os preparativos para a filmagem de *Casa-Grande, Senzala & Cia.*, projeto inspirado na obra de Gilberto Freyre, já haviam sido interrompidos por falta de recursos.

Um santo pelo outro

Carlos Augusto Calil

> *O excesso de pecado coloca o indivíduo em contato com a santidade. Este último filme que eu fiz era sobre santidade e carne, coisas que acho engraçadas. Porque a castidade é uma invenção delirante do espírito para negar o próprio corpo.*[1]

O imponderável Bento contra o Crioulo Voador é um roteiro para filme de Joaquim Pedro de Andrade, cuja primeira versão foi concluída em fevereiro de 1986. Em seguida, o cineasta dedicou os últimos anos de vida ao projeto de adaptar livremente *Casa-grande & senzala*, revisitando o autor com que iniciou sua carreira em 1959, com o documentário de curta-metragem *O mestre de Apipucos*. Em setembro de 1988, na semana que antecedeu seu internamento, Joaquim Pedro reescreveu a cena final do *Bento* em que um avião da Força Aérea que fazia *piqué* na Praça dos Três Poderes era abatido pela Defesa Antiaérea.[2]

A cena que o leitor acabou de ler, que encerra a saga do piloto-eremita à maneira do Billy Wilder de *Quanto mais quente melhor*, numa tonalidade maliciosa e irônica, foi a última

---

1 Entrevista de Joaquim Pedro a Ute Hermanns, concedida em 18/7/1988, publicada pela *Folha de S. Paulo* em 21/4/1990. **2** Ver "Como surgiu e se desenvolveu o roteiro". In: Joaquim Pedro de Andrade, *O imponderável Bento contra o Crioulo Voador*. São Paulo, Marco Zero; Cinemateca Brasileira, 1990, pp. 91-102. Transcrição do encontro, ocorrido em 25 de outubro de 1988, entre amigos e colaboradores de Joaquim Pedro de Andrade, e sua viúva Ana Maria Galano (1943-2002), em que se procurou evocar o processo de criação do roteiro. Desse encontro participaram: Fernando Cony Campos (1933-1988), Eloá Jacobina, Mario Carneiro (1930-2007), Carlos Sussekind de Mendonça (1933). Muitas informações constantes deste texto provieram desse depoimento conjunto.

cambalhota[3] desse diretor de cinema, afeiçoado à literatura e dotado de talento de escritor.

A gênese dessa surpreendente história remonta aos anos 1950. Joaquim Pedro, após concluir o curso de física, decidiu abandonar a profissão e abraçar o cinema. Para acalmar o pai, Rodrigo Melo Franco de Andrade, diretor do SPHAN – Serviço do Patrimônio Histórico e Artístico Nacional –, resolveu passar uma temporada em Congonhas do Campo, acompanhando os trabalhos de restauro – orientados por Edson Mota – das esculturas de Aleijadinho nos Passos da Paixão. Sua tarefa era reposicionar as peças, reencenando as estações. Foi sua primeira experiência de direção (*mise en scène*) de atores, ainda que estáticos.

O poeta Francisco Alvim, à época namorado de Clara, irmã de Joaquim Pedro, resolveu visitar o futuro cunhado, a caminho de Ouro Preto.

> A época devia ser de festa. Joaquim resolvera encenar uma pequena peça. A casa abriu-se para a gente da cidade [Congonhas do Campo].
>
> *E sinto palpitar*
> *meu coração*
>
> O marmanjo negro atravessou pelos ares o teatrinho improvisado, abanando as asinhas. As tramoias a céu aberto (e fechado) de meu cunhado ali faziam sua primeira aparição.[4]

---

3 Joaquim Pedro dava cambalhotas reais, além das metafóricas. Uma de suas mais notáveis ocorreu na festa em que celebrou 50 anos na casa da rua Nascimento Silva. **4** "Degraus da arte de meu país". In: Marcel Gautherot, *Paisagem moral*. São Paulo: Instituto Moreira Salles, 2009.

O Crioulo Voador que disputa com Bento as páginas do *Correio de Brasília* foi possivelmente invenção de Mário Eugênio, o Gogó das Sete, da Rádio Planalto, e repórter policial do *Correio Braziliense*, assassinado em 1984 pelo policial Divino 45, por ter denunciado a existência de um Esquadrão da Morte em Brasília, composto de policiais militares. Durante dias o *Correio* estampou as peripécias desse Crioulo Voador, que galvanizou a atenção do público popular.[5]

OB, o diretor do jornal, é certamente inspirado em Evandro de Oliveira Bastos (1933-2006), diretor todo-poderoso do *Correio Braziliense*, amigo de Glauber Rocha, que tinha licença para sentar a uma mesinha da redação e metralhar com dois dedos na máquina de escrever um texto que seria publicado com destaque. Crítico literário de origem, descobridor do poeta maranhense Sousândrade, era eclético nas amizades: foi próximo de Oswald de Andrade, Roberto Campos, Anísio Teixeira, Ferreira Gullar. Da literatura passou à política e teve grande influência na Brasília dos militares.

Fernando Cony Campos, escritor e cineasta, participou da equipe que auxiliou Joaquim Pedro na criação do *Imponderável Bento*. O nome da personagem central foi por ele sugerido para evocar Bento Melo, oficial da Aeronáutica que estudou astronomia. Um dia, sem motivo aparente, recrutou um avião Phantom na Base Aérea de Anápolis, subiu alto e ejetou-se de paraquedas.

A primeira motivação de Joaquim Pedro para o *Bento* teria sido "aproveitar os restos de *O homem do pau-brasil*". Ele se referia ao livro *O loteamento do céu*, de Blaise Cendrars, que havia fornecido o episódio de "A Torre Eiffel sideral", descoberta do

---

5 Maria do Rosário Caetano, à época repórter de cultura do *Correio Braziliense*, foi quem municiou Joaquim Pedro com essa história, tendo fornecido recortes da campanha escandalosa.

astrônomo amador, duplo de fazendeiro do café, Oswaldo Padroso, cujo nome é uma homenagem cifrada aos dois maiores amigos brasileiros do poeta franco-suíço: Oswald de Andrade e Paulo Prado. A anedota da visita de Cendrars à fazenda Morro Azul ocupa poucos minutos do filme-biografia de Oswald.

O texto que antecede imediatamente a "A Torre Eiffel sideral" é justamente "O novo patrono da aviação", uma peculiar hagiologia de São José de Cupertino, o santo que levitava, inclusive em marcha à ré. [6]

José de Cupertino, "a boca aberta, olhando pro ar, [era] um verdadeiro pateta". A muito custo conseguiu se ordenar, era distraído e intelectualmente limitado. Um dia surpreendeu os monges do convento "planando ajoelhado diante do tabernáculo e deixando cair por terra uma de suas sandálias, o que foi um escândalo". Seu voo mais sensacional se deu no convento de Assis, onde passou sobre a cabeça dos presentes, voando de costas. "O espírito sopra onde quer." O dom de levitar não acometia apenas os santos desprovidos de inteligência; Tomás de Aquino e Inácio de Loyola suspendiam-se com os braços abertos.

Cendrars tinha um filho piloto aviador, na Segunda Grande Guerra. Estudou a história do santo para convencer Rémy a propor à aviação francesa que o adotasse como seu patrono. Mas são José de Cupertino nessa altura já era protetor da Força Aérea dos Estados Unidos. A frustração do poeta se consumou quando o avião de Rémy foi abatido e o filho morreu. São José de Cupertino já era igualmente patrono dos estudantes que enfrentam exames difíceis.

Foi certamente Alexandre Eulalio, amigo fraterno de Joaquim Pedro, quem lhe franqueou o acesso à obra de Cendrars. Como colaborador ao roteiro em *O homem do pau-brasil*,

---

6 Blaise Cendrars, *O loteamento do céu*. Trad. de Geraldo Holanda Cavalcanti. São Paulo: Companhia das Letras, 2009.

Eulalio emplacou vários episódios com o poeta "sans bras": a rejeição do mutilado na alfândega, o elogio do progresso advindo da monocultura do café, o estabelecimento do homem no clima (*Le Brésil Des Hommes sont venus*), o projeto do filme de propaganda 100% brasileiro, que gorou quando eclodiu a Revolução de 1924 em São Paulo etc.

O beija-flor em êxtase de Cendrars propiciará a Joaquim Pedro uma das mais inspiradas sequências do seu *Imponderável Bento*. Cendrars notara o voo do passarinho na varanda e no pátio da fazenda Morro Azul, "esse paraíso das aves", onde era proibido caçá-las.

Ainda no capítulo das fontes de inspiração de Joaquim Pedro, a personagem Taís, mulher sedutora e apaixonada por Bento, advém do romance homônimo de Anatole France, publicado em 1890. Seu sucesso foi tamanho que ensejou uma adaptação para ópera, por Jules Massenet, em 1894.

Atriz, dançarina, cortesã, "sopro da boca do Senhor", Taís era uma mulher irresistível, cuja beleza submetia todos os seres ao seu redor. Sua fama ultrapassou o Egito do século IV, onde viveu. Encarnação dos prazeres da carne e sacerdotisa do pecado da luxúria, foi objeto da paixão de homens poderosos e de um anacoreta, um santo estilita de nome Pafnúcio, que resolveu por conta própria resgatá-la do vício e inseri-la no mundo da virtude. Foi bem-sucedido: Taís se isolou num convento e morreu em estado de graça. Foi canonizada como santa Taís. Seu salvador, tomado de paixão carnal pela bela discípula, tendo sucumbido ao orgulho, à luxúria e à dúvida na fé, precipitou-se no fogo do inferno. Joaquim era atraído pela "velha tese cristã", segundo a qual Taís teria atingido "a santidade pelo excesso de pecado".[7]

---

7 Ver nota 1.

Anatole France visitou o Rio, em 1909, e foi recebido por Rui Barbosa num impecável francês na Academia Brasileira de Letras. Combinaram uma excursão à rua do Ouvidor, onde havia uma sala que exibia – exclusivamente para homens – filmes pornográficos.

Santo estilita tentado pelo Diabo é o tema de *Simão do deserto*, um dos filmes mais emblemáticos de Luis Buñuel e preferidos de Joaquim Pedro. O iconoclasta maior do cinema diverte-se em transformar Silvia Pinal em belas encarnações do Diabo:[8] um Cristo devasso, que segura o Cordeiro de Deus, lança uma funda na cabeça do santo e chuta o carneirinho; uma menina em seu uniforme escolar, pulando corda, é a versão inocente da tentação da carne; um caixão de defunto se arrasta sozinho até a coluna, dele sai uma vampe voluptuosa. Ao final, o Demo leva Simão de Boeing para o Black Sabbath, uma festa de rock barulhenta, nos anos 1960, numa boate que promove o baile Carne Radioativa. Esse anacronismo seduziu Joaquim Pedro e, segundo Mário Carneiro, um dos seus mais constantes colaboradores, teria inspirado o final de *Os inconfidentes*, em que o enforcamento do Tiradentes, em 1792, é assistido por escolares saídos de uma aula de educação moral e cívica em 1972.[9]

Em *O homem do pau-brasil* já se encontram traços do *Imponderável Bento*. No diálogo entre Doroteia (interpretação de Cristina Aché para a bailarina adolescente Landa Kosbach)

---

8 As tentações dos santos em *Thaïs*, de Anatole France, são da mesma natureza: *C'est alors que les démons se présentaient à eux sous des formes ravissantes. Car si les démons sont laids en réalité, ils se revêtent parfois d'une beauté apparente qui empêche de discerner leur nature intime.*   **9** Mário Carneiro, "Sobre a admiração de Joaquim Pedro por *Simão do deserto*". Site Joaquim Pedro de Andrade, www.filmesdoserro.com.br, 2009. Em resposta a uma enquete de jornal, sobre "Por que faz cinema?", Joaquim Pedro declarou: "Para ver e mostrar o nunca visto, o bem e o mal, o feio e o bonito"; Porque vi *Simão do Deserto*". ("Pourquoi filmez-vous?", Paris, *Libération*, maio de 1987).

e Oswald (na pele de Ítala Nandi), travado na estação de trem, se pode ouvir um carinhoso "anjo de safadeza".

O Cristo (interpretado por Arduino Colasanti) enquanto doutrinava o gentio é interpelado por Pagu (Dora Pelegrino) nos termos: "Religião não é loucura, é malandragem". Cristo começa a levitar discretamente e Pagu não perdoa: "Essa não, deixa de mágica. Mágica besta, coisa mais antiga".

A mais bela cena de *O padre e a moça* é justamente a sucumbência pasmada da batina preta de Paulo José ao ombro dourado que emerge do vestido branco da moça Helena Ignez. A castidade não resiste à carne.

Em *Bento*, perduram certos elementos de *Guerra conjugal*: a cena dos bolinhos, agora com efeito cômico, o caráter cafajeste das personagens masculinas, a sedução desabusada das mulheres atraentes. A tonalidade é de chanchada e de sátira, o que traz o filme *Macunaíma* imediatamente à memória.

Numa terra de avoados, Bento é sucessor de Bartolomeu Lourenço de Gusmão, "o padre voador", e do negro Zelão das Asas, personagem de Milton Gonçalves que encerra a novela *O bem amado* (1973), de Dias Gomes. Com o "coração cheio de fé", Zelão lança-se aos ares como um Ícaro, batendo asas sobre Sucupira.

As fontes do *Bento* são inúmeras, mas sua originalidade é incontest. Joaquim Pedro cozinhou seu roteiro com grande imaginação e habilidade literária, normalmente dispensável num texto que não visa à publicação. Um roteiro é peça de transição, que dura apenas o tempo da realização do filme, composta de rubricas, que descrevem objetivamente as cenas, e de diálogos. Houve tempo em que indicavam informações técnicas: noite/dia; interior/exterior; movimentos de câmera; tipos de plano: próximo, de grande conjunto, americano etc.

Hoje essas informações foram substituídas pelo *story-board*, espécie de redução do escrito à visualidade. Em vista das complicações de se filmar fenômenos antinaturais ou mesmo lidar com a tecnologia da aviação, o roteiro de *Bento* continha plantas baixas e um *story-board* muito pormenorizado, elaborado pelo fotógrafo Kimihiko Kato.[10] Na época não se dispunha dos recursos extraordinários da tecnologia digital, que hoje permitem quase tudo, inclusive levitações em marcha à ré.

As rubricas, que num roteiro convencional seriam breves descrições da ação, em *Bento*, se tornam atributo da narração literária.

> Passa uma mulher pelada, fazendo 200 metros rasos com barreira.
>
> Outra mulher mija nas flores silvestres, rindo-se perdidamente.
>
> Outra passa pedalando uma bicicleta em perseguição a um santo que foge em pânico. Close da xoxota sobre o selim.
>
> Uma cabeça guilhotinada rola pelo chão imprecando.
>
> CABEÇA: Otário que eu fui! Deixei de trepar aos 45 anos!
>
> Alguém mostra o cu para a câmera.
>
> Uma mulher arrasta um santo monge pelo pau enquanto ele grita.
>
> MONGE: Não, pelo caraio *não*!
>
> Várias mulheres amontoam-se sobre um monge, rasgando-lhe as vestes, arrancando-lhe as barbas.
>
> Mulher nua sopra ar com um fole na bunda de um santo. Outra mulher espia por baixo do hábito de um monge.

---

10 Ver primeira edição de *O imponderável Bento contra o Crioulo Voador*, op. cit., pp. 73-89.

> Passa um santo correndo com uma mulher pelada nas costas.
>
> Outro santo esconde-se debaixo de uma ponte por onde passam mulheres e diabos em disparada.
>
> [pp. 46-7]

A literatura aqui não caminha sozinha. A escrita libera a sucessão de imagens, imprime o ritmo, combina com precisão cenas e diálogos. O leitor vê o filme se desenrolando à sua frente, imagina a sequência como encenação de um fragmento do quadro *O jardim das delícias terrenas*, de Bosch.

Há cenas em que os diálogos já foram definidos e o roteiro se completou. Nessa operação, a qualidade da escrita não recuou, o que confirma sua condição híbrida, entre o literário e o dramático. A questão de gênero se insere aqui, na definição do repertório romântico, em falsete.

> Bento refugia-se em sua cela, põe a tranca na porta, precipita-se para pegar o chicote. A mão de Taís, cheia de anéis com grandes esmeraldas, segura-lhe o pulso.
>
> TAÍS: Depois, Bento, depois. Agora eu quero te ver, você não sabe a vontade que tive de você todo esse tempo, Bento, eu bati tanto pé de impaciência que fiquei com calo. (*Taís ri*) Bento, quebrei até minhas unhas, olha!
>
> Taís mostra o pé para Bento, descalçando o sapatinho vermelho de salto alto. As unhas de seus pés também estão brilhantes de vermelho e uma perna magnífica escapa pela abertura de seu vestido de noite. Bento esconde o rosto contra a parede num gesto de pânico.
>
> TAÍS: Minhas lágrimas fizeram dois buraquinhos em minhas mãos, Bento, olha!

Taís mostra as mãos para Bento, que aperta cada vez mais o rosto contra a parede, recusando-se a ver os buraquinhos que Taís tem de fato nas mãos.

TAÍS: Porque eu te amo muito, Bento, muito!

Bento tapa os ouvidos.

TAÍS: Ah, se você quisesse, meu amor, se você quisesse deitar comigo. Minha cama é mais macia que uma nuvem. Você não quer? Beber vodca gelada dentro de frutas, Bento, ver o sol nascer entre esmeraldas...

[pp. 47-8]

Em situação semelhante, mas em gênero distinto, no caso, o policial temperado com comédia escrachada, os diálogos oferecem a plena realização da cena.

Em Ceilândia, um carro de reportagem do *Correio de Brasília* chega com estardalhaço ao local de um crime de morte.

Grisalha, Armandão e o motorista, por apelido Fitipaldi, descem na maior cafajestada. Grisalha de máquina fotográfica em punho e bolsa capanga de fotógrafo; Armandão com um punhado de folhas de redação e uma caneta esferográfica vagabunda; Fitipaldi vai de xereta mesmo, chacoalhando as chaves do carro na mão.

ARMANDÃO (*para a turminha de populares aglomerada*): Cadê o presunto?

POPULAR: O rabecão já levou.

ARMANDÃO: Não é possível. Que hora que fecharam o cara? Não foi às nove? São dez e meia, uma hora e meia não dá pros home fazerem perícia, investigação, o escambau e ainda levar o presunto. Essa não. Essa é recorde.

GRISALHA: Eu te avisei. Tomar aquele "cafezinho" foi uma roubada.

ARMANDÃO: Não enche o saco, porra. Eu sou um profissional. Tenho cinco anos de jornal! Então você acha que eu não sei quando dá tempo pra tomar uma cana? Aqui tem mutreta. Onde é que estava o corpo?

POPULAR: Ali. Olha a mancha de sangue. Levou três tecos. Dois na cara e um no peito. Morreu na hora.

ARMANDÃO: Quem atirou nele?

POPULAR: Não sei. Ninguém viu.

ARMANDÃO: Ninguém viu. Vocês são uns cagões. Mostra aí como é que estava o corpo.

POPULAR: Assim ó, de bruço, com a cara no chão. Não deu tempo nem pra chegar as formigas.

ARMANDÃO: Fitipaldi, tu vai fazer o papel de morto. Deita aí que o Grisalha vai te fotografar.

FITIPALDI: Mas aí, Chefia, com a cara no melado?

ARMANDÃO: Deita aí e não discute. Se a gente chega no jornal sem a foto, o OB põe os três na rua.

Armandão começa a anotar o nome da vítima e as circunstâncias em que se deu o crime, enquanto Grisalha e o popular corrigem a posição de Fitipaldi.

[pp. 59-60]

Em outras sequências, a escrita nervosa dá conta da sucessão da trama, mas não se detém na dramaturgia, apenas indica como ela deve se desenvolver. Esse estágio não impede o autor de antecipar uma fala de grande ironia: "Taís fala da oportunidade maravilhosa que lhe caiu do céu, talvez com um avião".

O diálogo entre os dois se desenvolve entre coquetéis de camarão graúdo e um bom vinho branco, de que o Comandante já se servia antes que Taís chegasse.

Larroque se desculpa por ter pedido os camarões e o vinho sem consultar Taís. É que essas coisas em Brasília têm de ser planejadas com antecedência. *Know--how* militar aplicado à gastronomia, em homenagem a uma bela e bem-sucedida jornalista.

Taís, infelizmente, tem alergia a camarão, mas alivia o desaponto de Larroque aceitando de bom grado o vinho branco, que não podia ter sido mais bem escolhido para acompanhar as emoções do dia.

O Comandante entende, sorri e vai ao assunto: como Taís recebeu a proposta de OB?

Taís fala da oportunidade maravilhosa que lhe caiu do céu, talvez com um avião; fala de seu medo, da falta de experiência. Larroque a tranquiliza. Ela terá uma equipe, um confortável escritório convenientemente afastado da redação do jornal, telefones e todo o necessário. Larroque indica que manobra os investimentos do jornal através do grupo financeiro que adquiriu o controle acionário do *Correio*, sobre o qual tem *alguma* influência.

Taís encaminha a conversa para saber de Bento. Estranha que os jornais não tenham feito menção a ele nas notícias sobre o desastre. Ele realmente escapou? Está bem?

Larroque sorri, como quem tem o poder. Diz que Bento sofreu ferimentos leves e está se recuperando, mas que o trauma psicológico parece ter sido grande.

[p. 32]

A escrita pode ser técnica, utilizar jargão de cinema, mencionando fusões, tratamento da luz, movimento de câmera. Curiosamente a linguagem trai a origem do autor. A descrição do deslocamento de Bento – "translação retilínea uniforme" – é precisa do ponto de vista da mecânica, domínio dos físicos.

Bento faz o trajeto inverso ao que o levou à Chapada dos Guimarães.

Fusões sucessivas sobre Bento caminhando em lugares que se vão sucedendo à medida que ele se aproxima de Brasília, com a luz também se modificando com o correr do dia de viagem.

Ao entardecer, já diante do perfil característico de Brasília, Bento abandona o cajado, sobe três degraus invisíveis no ar e passa a se deslocar em translação retilínea uniforme, a meio metro do chão e velocidade moderada. A câmera o acompanha lateralmente.

[pp. 51-2]

Em posição simétrica, há sequências em que *O imponderável Bento* é pura literatura.

Bento chega com o balde ao pântano. Macário ainda ali assiste, cada vez mais inchado. Bento interrompe a carreira e sorri para ele. Macário não retribui. Bento volta a correr. Encontra o córrego ou cachoeira em que se banhara antes. Colhe a água límpida no balde, mas ao levantá-lo percebe que a água escorre como de um regador pelos inúmeros furos no fundo do balde. Aflito, sem saber o que fazer, Bento torna a mergulhar o balde na água. Retira o balde rápido e parte com ele em desabalada carreira. A uns poucos metros, o balde já está vazio. Bento examina o fundo do balde contra o céu. Os furos se dispõem concentricamente. Foram feitos de propósito.

[p. 38]

O imponderável Bento principia em tom realista e implacável. A reconstituição do assassinato de Stuart Angel num quartel da Aeronáutica promete um filme-denúncia dos crimes da ditadura militar. Mas logo a história dá uma guinada (seria uma cambalhota?) e foca a guerra conjugal entre um piloto e uma decoradora, em seguida surpreende com voos espetaculares a bordo de um avião de caça. A experiência culmina no suicídio do piloto e destruição do avião militar.

O tom fantástico e saboroso nutrido por um humor rascante penetra naquele espaço de Brasília dedicado aos místicos cultores da luz transcendente. Na Chapada dos Guimarães vive uma comunidade de anacoretas, à qual se junta por acidente um piloto desertor, candidato a eremita-aéreo. De surpresa em surpresa, o leitor se familiariza com o mundo dos recessos, das negações, das autopunições, das renúncias alertas do perigo das tentações.

O contraste virá da sobre-excitação da Capital Federal, com seus militares sádicos, jornalistas inescrupulosos, dondocas em busca de gozo, orgias regadas a champanhe e sustentadas por fileiras de pó. Nesse ambiente emerge a figura patética do Crioulo Voador, um pobre coitado que puxa uma carroça conduzida por um burro sem rabo.

A trama de amor entre Taís e Bento padece de sobressaltos da paixão carnal e da sublimação da ascese. Quando Bento retorna do retiro para salvar Taís com seu amor sublime, repetindo o gesto de Pafnúcio, no século IV, a colunista social tem a revelação de que ele fizera isso por "pura bondade". De mãos dadas com ela, Bento eleva Taís aos ares como são João da Cruz o fez com santa Teresa d'Ávila. Uma pitada de chanchada derruba a mulher apaixonada, que despenca da "inflamação de amor". Ela decide compartilhar a bondade com suas amigas numa comunhão dispensada por Bento no voo do beija-flor, "vibrátil como uma cintilação", [11] que, como um Espírito Santo em *piqué*, desce sobre cada uma delas e as penetra como

[11] Blaise Cendrars, op. cit.

uma "estrela cadente". Democracia sexual de dar inveja a Oswald de Andrade.

No final, o papel se inverte, a santidade se transfere de Bento ao Crioulo Voador, "o espírito sopra onde quer" e sela uma amizade *cheek to cheek*.

É hora de retornar à epígrafe. O leitor atento terá reparado na maneira como Joaquim Pedro se refere ao *Imponderável Bento*: *Este último filme que eu fiz era sobre santidade e carne, coisas que acho engraçadas*. O diretor fez um filme, não importa que ainda não tenha sido por ele realizado.

Paulo Emílio uma vez presenciou a apresentação de Lima Barreto de seu roteiro *O sertanejo*.

> Para alguns, porém, para mim em todo caso, a experiência teve um sentido mais profundo. Pela primeira vez emanava de uma situação cinematográfica brasileira uma impressão de talento e inspiração indiscutíveis. [...] Lembro de uma sequência de casamento que, por absurdo que seja, visto o filme ainda não existir, de certa forma entrou para minha antologia pessoal dos mais altos instantes da arte cinematográfica, a tal ponto as ideias e os achados da sequência em questão constituíam a matéria-prima das obras-primas. A leitura de Lima Barreto impressionou-me tanto que mais de um ano depois perguntando-me um jornalista sobre qual era o melhor filme brasileiro, respondi: "Será *O sertanejo*".[12]

No meu *Bento*, vejo o Paulo José de *Todas as mulheres do mundo* levitando no apartamento de Taís; vislumbro Dina Sfat

---

12 Paulo Emílio Sales Gomes, "O ópio do povo". In: *Uma situação colonial?*. São Paulo: Companhia das Letras, 2016, pp. 37-8.

desabotoando o zíper em cruz, que libera o vestido monacal, para participar da comunhão do beija-flor; vejo Grande Otelo amparando Bento no ar e com sua voz insubstituível dizer-lhe: *"Ué, meu branco, tu não avoa mais não?"*. *O imponderável Bento* é dos meus filmes prediletos.

Impiedosa crítica da hipocrisia social e do realismo político, a história do *Bento* desvela o caráter violento de nossa sociedade. São as qualidades *brasileiras* desta fábula política que seduzem imediatamente o leitor: o absurdo, a crueldade, o improvável dotado de verossimilhança. O horror nacional convida à sublimação e não é visto pelo olho austero, moralista, mas pela chave do humor, muito mais eficiente na derrisão.

Post-scriptum *para os homens de negócios*:

> *Eu, que jurei nunca mais perder meu tempo tentando fazer cinema, se um produtor tiver vontade de realizar este filme prodigioso, eu largo tudo, solidão, tranquilidade e livros, para filmar esta história de são José de Cupertino...* [13]

Subscrevo a mensagem de Cendrars aos produtores de cinema. E troco um santo pelo outro.

Fiel a seu mundo, ao qual pertencem a transgressão e a sutil indignação diante da desfaçatez e da conveniência, Joaquim Pedro de Andrade nos legou o filme mais original do decênio de 1980.

---

13 O apelo de Cendrars, feito em 1949, foi ouvido por Edward Dmytryk que produziu e dirigiu *The reluctant saint* (Columbia Pictures, 1962), cinebiografia de Giuseppe da Copertino. No elenco escalou Maximilian Schell, Ricardo Montalbán, Lea Padovani, Akim Tamiroff. O roteiro foi confiado ao escritor norte-americano de formação católica John Fante e a música, a Nino Rota.

© Joaquim Pedro de Andrade, 1990

Todos os direitos desta edição reservados à Todavia.

Grafia atualizada segundo o Acordo Ortográfico da Língua
Portuguesa de 1990, que entrou em vigor em 2009.

capa
Flávia Castanheira
imagem de capa
Nino Andres
revisão
Livia Azevedo Lima
Valquíria Della Pozza

Dados Internacionais de Catalogação na Publicação (CIP)

——

Andrade, Joaquim Pedro de (1932-1988)
O imponderável Bento contra o Crioulo Voador: Roteiro
original para filme: Joaquim Pedro de Andrade
Coordenação editorial e posfácio: Carlos Augusto Calil
São Paulo: Todavia, 1ª ed., 2018
104 páginas

ISBN 978-85-88808-21-8

1. Cinema 2. Cinema brasileiro 3. Brasília
4. Ditadura militar I. Calil, Carlos Augusto II. Título

CDD 791

——

Índice para catálogo sistemático:
1. Cinema: Cinema brasileiro 791

todavia
Rua Luís Anhaia, 44
05433.020 São Paulo SP
T. 55 11. 3094 0500
www.todavialivros.com.br

fonte
Register*
papel
Munken print cream
$80\,g/m^2$
impressão
Geográfica